未来を拓く
人文・社会科学
0

城山英明
石田勇治
遠藤　乾　編

紛争現場からの平和構築

国際刑事司法の役割と課題

東信堂

はじめに

城山　英明

近年、平和構築は、旧ユーゴスラビア、ルワンダ等アフリカの諸地域、東ティモール等世界各地の現場において大きな課題となっている。九・一一米国同時多発テロ、アフガニスタン、イラク戦争に見られるように、国際的な大国が関与する事象ともなっている。また、国際刑事裁判所（ＩＣＣ）といった新たな制度的試みも行われるに至っている。内戦とテロリズムの発生は、国家機能の低下や崩壊を示し、権力の空白、人権の蹂躙などの現象を伴ってきた。そして、そのような状況に対して、各々の現場で下からの平和構築が試みられるとともに、その影響が国境をはるかに越えた地域にまで及ぶという事情もあり、様々な形態による国際社会の介入も行われてきた。

このような現象や実践的試みは、まさに分野横断的に、また、現場との交流に基づいて検討されなければならない課題といえる。そもそも、ジェノサイドや内戦は、歴史的にも繰り返されてきた事象であり、これらの防止については歴史的経験からも学ぶことが多いと思われる。また、地域と論理と国際システムの交錯について理解するためには、現地の論理の把握を試みる地域研究と、国際システムの制度・動態を対象とする法学・政治学の連携も不可欠である。

また、実務の現場と様々な分野での理論的研究をつなぐ必要も出てくる。そこで、日本学術振興会・人文・社会科学振興のためのプロジェクト振興事業では、歴史学、地域研究、法学政治学などの様々な分野の研究を結び、第一線で活躍する実務家を含む参加者を内外より招き、平和構築とグローバル・ガバナンスに関して検討するシンポジウム「平和構築とグローバル・ガバナンス」を企画し、二〇〇五年三月二五～二六日に実施した。本書は、そのシンポジウムにおける議論を基礎に、関連して開催された国際刑事司法と被害者保護に関するワークショップの議論も含めて新たに全体を見直した上、まとめたものである。

本書は、現場経験に基づいて、国際刑事裁判の役割を中心に、大量虐殺後の社会再建の構成要素について検討したストーヴァー氏の論文をうけて、以下の3部により構成される。

第1部では、様々な地域における過去と現在のジェノサイドを幅広く対象とする比較ジェノサイド研究の成果をもとに、紛争と再建や和解に向かう紛争後社会の動態分析を試みる。その際、紛争で生じる加害者と被害者の関係が決して固定的なものでなく、被害者が次には加害者になること(置換性)がしばしばあることを確認する。この第1部では、これらの歴史的経験の示唆するところを明らかにするとともに、それらを紛争の防止に活用する方策についても検討を進めたい。

第2部では、様々な地域の現場における多様な平和構築の試行についての経験を共有することを試みている。対象地域は、イスラエル・パレスチナ、旧ユーゴスラビア、東ティモール等に及び、実践される手法も、協働による共生空間の創出、集団記憶構築、被害者参加等多様なものである。これらの経験を相互に参照することを通して、現場の多様性について理解するとともに、平和構築の実践の可能性と課題について考察することとしている。

第3部では、平和構築のグローバルなシステムのあり方について、とりわけ国際刑事裁判に関わる問題を、制度的、概念、そして理論の観点から考察を行う。具体的には、まず個々の状況に応じた応答的な関与を志向するシステムを求めるべきなのではないか、という問題提起が理論的視点から行われる。続いて、平和構築における国際刑事司法の役割の可能性とその限界、ＮＧＯの役割の可能性とその限界に関する分析を行いたい。また、「法の支配」の実行における「法の多義性」についても検討を加えることとした。

平和構築に関する類書は多い。そのような中で本書は、以下の二点の特色があると考えている。第一に、平和構築に関して、地域研究者や国際関係研究者だけではなく、歴史研究者や、多様な実務家や一般的な規制理論研究者も交えた多様なメンバーの中で議論を行ったこと、第二に、平和構築の多様な現場における多様な手法の中で、国際刑事司法の役割と限界に一つの焦点を定めたことである。序章における社会再建における構成要素としての刑事裁判への着目に始まり、第1部の歴史的事例の検討においても、それは紛争への対応のあり方として念頭に置かれ、第2部第9章・第10章や第3部第12章・第13章・第14章・第15章・第16章では国際刑事司法の役割と限界が直接的に扱われた。また、その際、法制度的分析だけではなく、現実の現場における機能や課題からグローバルなシステムにおける役割まで幅広く論じられた。

最後に、本書の背景となった研究プログラム（日本学術振興会・人文・社会科学振興のためのプロジェクト研究事業、以下「人社プロジェクト」と略称）について、少し紹介させていただきたい。「人社プロジェクト」は、研究者のイニシアティブを基盤としつつ、様々な学問分野の諸学が協働して社会提言を試みることを通して、人文・社会科学の再活性化を志向している実験的事業である。その中には、「知の遺産を始めとする日本の在り方と今後の変容について研究する領域（研究領域Ⅰ）」、「グローバル化時代における多様な価値観を持つ社会の共生を図るシステムについて研究する領域（研究領域Ⅱ）」、「科学技術や市場経済等の急速な発展や変化に対応した社会倫理システムの在り方について研究する領域（研究領域Ⅲ）」、「過去から現在にわたる社会システムに学び、将来に向けた社会の持続的発展の確保について研究する領域（研究領域Ⅳ）」、「現代社会における言語・芸術・芸能表現の意義と可能性について研究する領域（研究領域Ⅴ）」が設定されている[1]。五つの領域の多様なプロジェクトは、トップダウンとボトムアップを組み合わせた、独特な試行錯誤のプロセス、取り組みを通して形作られてきた。様々な学問分野が協働すること、そして社会の現場の実践と理論的研究を架橋するというのが、この人社プロジェクトの役割なのだが、そのような観点から、様々な領域のプロジェクトを横断するようなシンポジウムの企画も行ってきた。その第一回目は、二〇〇三年九月に「クリニカル・ガバナンス―よりよい人間関係とそれを実現する制度のあり方（医療の現場から）」という題目で実施した[2]。そして、このような横断シンポジウムの第二回目として、「平和構築とグローバル・ガバナンス」という国際シンポジウムが企画されたわけである。今後は、継続的に行われてきたプロジェクト研究を素材として、こうした現場性を持つ領域横断的な成果を発表していく予定である[3]。

注

1　詳細については、以下を参照。http://www.jsps.go.jp/jinsha/index.html

2　その成果は、城山英明・小長谷有紀・佐藤達哉編『現代のエスプリ』四五八号―クリニカル・ガバナンス：共に治療に取り組む人間関係―（至文堂、二〇〇五年）として出版した。

3　二〇〇七年秋より『未来を拓く人文・社会科学』シリーズ（東信堂）として刊行する予定である。

目　次／紛争現場からの平和構築

装丁：桂川　潤

紛争現場からの平和構築

序　大量虐殺後の社会再建と正義

エリク・ストーヴァー（石田勇治・訳）

旧ユーゴスラビア（以下、旧ユーゴ）とルワンダにおける紛争後の社会再建と正義について論じる前に、どうして私がこのテーマに取り組むようになったのか、簡単に述べておきたい。

一九八四年以降、私は世界の一二か国で、政治的殺戮や戦争犯罪の結果として残された大規模墓地の遺体掘り起こし作業に従事してきた。一九九六年、スレブレニツァの虐殺を調査するため、私はボスニアのトゥーズラという村の難民キャンプを訪れ、虐殺を生き延びた女性たちと話をすることができた。スレブレニツァでは彼女たちの子どもや夫など七〇〇〇〜八〇〇〇人の命が奪われた。私は難民キャンプで二、三日寝食をともにし、年長の、あるいは若い女性からその経験について話を聞くことができた。

その時のことである。私はお茶をいただきながら、「虐殺の加害者は、ハーグの旧ユーゴ国際刑事裁判所（ＩＣＴＹ）に訴追されたことをご存じでしょう。これをどう考えますか。法廷に行って、証言するつもりはありますか」と聞いてみた。すると高齢の二人の女性が拳を挙げて、「どうしてそんな裁判所に行って証言しなければならないの。そもそもその裁判所をつくった国連は、私たちが一番必要としていた時に私たちを見捨てたではないの」と声を荒立て、その場を立ち去ってしまった。私はショックをうけた。というのは、私自身、何年にもわたってこうした遺族のために、また国際裁判所のために、遺体の身元を特定する作業に携わってきたからだ。旧ユーゴだけでなくルワンダでもその仕事をやってきた。この時私は、裁判がもたらす正義について当事者がどのように考えているかもっと深く理解する必要があると思ったのである。

以下、旧ユーゴとルワンダで私の研究チームが四年にわたり行った研究の成果を紹介したいと思う。結論の大半は、現地調査の結果から導かれたものだ。いずれの地域も復興を遂げているが、それぞれ異なる状況にあることは言うまでもない。

私たちが最初に取り組んだテーマは、戦争やジェノサイド、民族浄化によって分断された社会がコミュニティを再構築するさい、個人は正義をどう捉えるかという問題であった。具体的には、戦争や大虐殺の後に実行されるべき社会再建の構成要素は何か、という問いに対する答えをさがしたのである。ここでいう社会再建とは、「共通の価値観と人権に基礎づけられた社会とその制度を再構築し、発展させる過程」と定義できるだろう。

次に取り組んだテーマは、刑事裁判は事後の社会再建に役立つか、それともこれを阻害するかという問題であった。なぜこの問いを取り上げなければならないのだろうか。

一九九三年、国際社会は国際刑事法廷の設置という斬新な試みを始めた。これは東京でもニュルンベルクでもなかったことだ。真の意味で国連が関わる国際的な刑事裁判の始まりである。国際刑事法廷は、まず旧ユーゴとルワンダに関して設けられた。その後、国際法廷と国内法廷を組み合わせた裁判が東ティモールで行われた。カンボジアでも同様である。シエラレオネに関しても国際法廷が設立されている。こうして国際法廷は次第に多くの人びとに影響を及ぼすようになった。なかでもハーグに設置された国際刑事裁判所（ＩＣＣ）はとくに重要で、北部ウガンダやコンゴのケースが係属中である。国際法廷が次々と誕生するなか、裁判が実現する正義の意味を深く理解することがいっそう重要な課題となった。

研究を始めるに当たり、我々は刑事裁判に関する伝統的な考え方を検討した。米国の法制史家エドモンド・カーンは、第二次世界大戦後の一九四九年に次のように述べている。「正義は形式にとらわれることを好まないが、魔法を呼び起こす言葉であり続けている」。政治家も外交官もよく「正義だ」「和解だ」と言う。本当に簡単にこうした言葉がよく口から出てくる。だが、これらは漠然とした概念で、具体的に何を意味しているか、検討する必要がある。

刑事裁判には伝統的な考え方がある。つまり、法廷は真実を暴露・公表し、犯罪者を罰し、被害者の要求に応える。法の支配をもたらし、和解を促進する。個人や社会を癒やし、暴力に満ちた過去と折り合いをつけることを助ける。責めを集団から犯罪者個人へ移すことで罪を個人化し、報復をとどまらせることができる。そういう考え方だ。

研究を始めると、民族紛争後の社会が正義をどのように捉えているかについての研究がほとんどないことに気づかされた。たしかに政治学の研究があるが、政治学者はトップダウン・アプローチをとりがちで、裁判だけを見ているようだ。そこで我々は、逆の方向に望遠鏡を向けたらどうなるか考えた。つまり実際に現地に赴いて調査を行い、いくつかのケースでは民族学者を同伴して、最も深刻な暴力の被害者と生活を共にし、彼らが復興の中でどのような意識をもっているか調べたのである。

私は、一七世紀のスコラ学に対する科学の挑戦に立ち戻る必要があると思った。「自然をきちんと研究せよ。文献をではない。理論はすべて実践と行動によって試さなければならない」。そう考えて我々はひとつの実験を試みた。

紛争後社会の正義に関する研究に経験論的なアプローチを採用することにしたのである。

研究は、米国、ルワンダ、ボスニア、クロアチア、セルビア・モンテネグロなど様々な国の研究者三〇名で始めた。実に国際的な研究チームとなった。公衆衛生学、社会科学、人口学、心理学など専門分野も多彩だ。数多くの住民調査を行った。まず、バルカンで二度にわたり一六〇〇人を一二か月から二四か月の間隔をあけて調査した。ルワンダでは二一〇〇人を対象に調査を行い、市民的指導者、宗教的指導者など要人とのインタビューも数多く実施した。またフォーカス・グループをつくって調査を進めた。重要なのは人類学調査を行ったことで、この地域を専門とする民族学者が、例えば四か月ほど村に滞在して調査をした後いったん村を離れ、四か月後にまた戻り、その間のことを現地の人びとに尋ねるという研究を行った。紛争後の社会やコミュニティを構成する人びとが正義に対してどのような考えをもっているか、持続的に追跡したのである。

さて、旧ユーゴとルワンダで起きた民族戦争の本質を考えてみよう。

まず、いずれの場合も強度の暴力が個人間で行使された点が重要である。戦前は、町中で平和裡に共存していた集団同士の戦いが生じたのである。次に、これは旧ユーゴについて言えることだが、裏切られたという意識が人びとの間に強い点である。町中のクロアチア人は、かつて一緒に学校に行った、場合によっては結婚もしたセルビア人に裏切られたという思いが強い。彼らは、セルビア軍がクロアチア人に攻撃をしかけてくることに何の警告も発しなかったというのだ。また、事実が否定されているとの思いも強い。例えば一方が他方に、「我々に暴力を仕掛けたのはおまえたちじゃないか」と言って、自身の行為を否定するのである。

旧ユーゴの調査では、ボスニア・ヘルツェゴビナのモスタル、プリイェドル（Prijedor）、クロアチアのヴコヴァル、セルビア・モンテネグロの難民居住区などを訪問した。ルワンダではヌゴマ（Ngoma）、マバンザ（Mabanza）、ブヨガ

(Buyoga)、ムツラ(Mutura)の四つの村で調査を行った。

調査の結果判明したことだが、国際社会は、ルワンダでも旧ユーゴでも事後の社会復興に関与したが、それをどのように進めるかについて十分な思慮と入念な計画をもちあわせていなかった。そこで、私たちは社会復興に向けて全体論的なモデルを検討した。それは「生態的モデル」と呼ばれる包括的なアプローチであり、経済発展・司法・教育・治安など様々な要素を全体論的に捉えようとするものである。

その際に気づいたことは、システムの一部が変わると全体にリアクションを引き起こすということである。例えば、ある学校や教育の現場で国際裁判についてネガティヴな説明が行われると、それは直ちに裁判所の仕事に悪影響を及ぼす。また、もし経済発展がなければ、人びとの司法への評価は低いままで、国際裁判を評価しようとしない。その意味ですべてが相互作用的である。したがって社会再建は、社会全分野の意見、意識、態度、要求を反映する周到な住民調査にもとづいて進めなければならないのだ。

私自身は、国際刑事司法の熱心な支援者の一人だと思っている。ＩＣＴＹ、ＩＣＴＲも支持している。しかしこれに関わる人びとの大半は、残念ながら、自らが関わる地域に一度も足を踏み入れたことがない。だからこそ、現地に密着して人びとの正義についての考え方を調査することが重要なのである。

戦後の社会復興は分野ごとに開始時期に差が生じる。都市部での社会再建は、時に財源があるという理由で早く始まるが、地方ではそのような展望が開けないこともある。また、社会再建は、当事者から正当だと見なされる当局が実行することで最も大きな効果をあげるだろう。ＩＣＴＹが抱える問題のひとつはこれである。ＩＣＴＹは国連を連想させるが、国連は介入して暴力を止めることができたのにそうしなかったと多くの人びとが感じている。

社会再建は、旧体制の遺産からも影響をうける。過去は現在につながり、復興への人びとの思いに影響を及ぼす。

社会再建は協働的にしか機能しない。戦後社会のすべての要求を単一の要素で満たすことはできないのだ。

ＩＣＴＹなどアドホックな国際法廷で当初問題となったのは、それがまるで魔法の杖のように和解の切り札として期待されたことだ。むろん法廷は必要だが、それだけではなく、例えば学校の再建、きちんとしたカリキュラムの作成、エスニシティにとらわれない教育などの試みも必要であった。社会再建には、個人・コミュニティ・社会・国家など社会に関わる全分野の人間が関与しなければならない。分野ごとに再建の時期もやり方も異なってよい。

法の支配は、すべての個人の権利を保護し、ルールに則って市民一人ひとりの行動を判定できるように、国家のレベルで確立されなければならない。それは暴力の排除と、議論による裁定を受け容れることである。社会再建は、それぞれ固有の状況と資源利用の可能性に適合できるよううまく関連づけられなければならない。

社会再建の構成要素として、次のものが指摘できよう。治安・移動の自由・法の支配・正確でバイアスのない情報へのアクセス・民主主義に向けた教育・経済発展・エスニシティの違いを超えた関与、そして正義である。

戦後社会にとって、とくに国家が破綻している場合、治安が最も重要である。すべてを支える土台が治安である。一定の治安と安全なくして正義の実現、責任の追及は成功しない。例えばイラクを思い出そう。イラクには今年二度行ったが、どうすれば過去の犯罪を公正に裁くことができるだろうか。治安が取り戻されない限り、正義を追求する司法制度は整備できないと思う。

戦後の社会で重要なのは移動の自由の確保である。多くの人びとが家と土地を追われた。彼らは帰りたいはずだ。難民や強制追放された人びとは自分の生活を取り戻すために帰る必要があり、隣人や同僚とのつながりを復活させる必要がある。また、難民の帰還による有益な心理的効果も期待できる。旧ユーゴでは、難民は正義を求めるのではなく、家に戻りたい、家に戻って生活を取り戻したいと思っている。それが何よりも重要なのだ。今一つは、物と情報の自由な移動である。これには経済的効果も期待できる。

治安と同様、社会再建をもたらす接着剤が法の支配である。これがなければ社会プログラムは専制的となり、特定の個人や集団が一方的に優遇されることになる。それゆえ治安を伴う法の支配を急がなければならない。法の支配とは、法の手が誰にも平等に及ぶことを意味する。これによって、法的手続きを経ずに有罪となったり、罰せられたりすることはなくなる。ここでは次の三点が必要だ。個人が審問でも弁護でも意見を述べられる公正な司法制度の整備と運用、証拠にもとづき個人を裁く意思、既存の規範にもとづく損害賠償の実施である。

バイアスのない正確な情報へのアクセスも大切である。ルワンダや旧ユーゴの戦争では、非常に偏った情報が流された。ルワンダを思い出してみてほしい。フトゥの過激派がラジオ放送を支配し、民兵に対してトゥチをゴキブリのように絶滅せよとの指示を出した。情報をコントロールすることで、彼らはジェノサイドを遂行することができたのだ。

正確な情報へのアクセスを公正に保つことが重要だ。民族戦争の場合、流布した情報が真実に反することが多い。戦争中は敵の神話を作って敵を破壊しようとするが、流布した嘘や神話を、権力者は平時になっても恒久化しようとすることがある。真実についての情報を明らかにするだけで戦争や残虐行為の辛い記憶を消すことはできないが、それに教育の再生、芸術や文化の発展など様々な社会復興の努力を付け加えることによって、何世代か後には、戦後社会に見受けられる被害妄想の危険性を軽減することができるだろう。

民主主義のための教育も重要である。ドイツの歴史家ヴォルフガング・ヘプケンによると、旧ユーゴでは、チトーによって第二次世界大戦の集合的記憶がつくられた結果、家庭や同民族内で「内々に語られてきた記憶」と、学校やその他の公共の場で培われた「公式の歴史」との間にギャップが存在した。現在、求められているのは、学校をつくり新しいカリキュラムを設定するさい、生徒たちがエスニシティに焦点を絞るのではなく、市民的価値について勉強することである。しかし不幸なことに、ボスニアとクロアチアでは多くの学校がいまだに分断されたままである。クロアチア人の子どもは午前中に学校に行き、セルビア人の子どもは午後に行く。これらの学校では今なお宗教や民族を柱とする教育が行われている。このままでは社会復興に由々しい影響を及ぼすだろう。

戦後社会の課題は、若い人びとが紛争の歴史を批判的に捉え、自立的に物事を考える能力を養うことである。人権を尊重し、寛容さと多様性を受け容れる市民的、文化的な価値観を育むことである。市民としての様々な社会的、民族的、宗教的、文化的、人種的なアイデンティティの存在を理解し、多元的な世界観を提供することである。

経済発展の分野は、とくに旧ユーゴにおいてなおざりにされ、ルワンダでも無視されがちであった。我々の調査が明らかにしたところによると、安定した仕事が得られるなど経済状況の改善を実感することが、裁判を好意的に受け入れたり、コミュニティを支援したり、暴力に反対したりすることにつながるのだ。

次に、エスニック集団間の取り組みに当たって論じよう。

エスニック集団間の関係修復にはいくつかの段階がある。第一が個人を介さない問題解決的な段階。第二が職場でコーヒーを一緒に飲むような段階。第三が家族ぐるみの付き合いをする段階である。

エスニック集団間の取り組みにあたっては、戦争の記憶がローカルな場と結びついていることを認識することが重要である。自分の村で起こったこと、自分の家で目撃したこと、自分が目の当たりにした殺人などの方が、国家の指導者の犯罪や彼らが裁判にかけられることよりも重大で、自身に関わることとして記憶に残る。過去を覚えているといっても、実際には非常に局所的であり、自分たちに襲いかかった集団への反感は久しく残る。

旧ユーゴの根本的な問題は、異なるエスニック集団に裏切られ、否定されたとの思いが残存していることである。

国内避難民や難民が戦後のコミュニティに戻ってきたとき、そこでエスニック集団間の接触・交流が許されなければ、社会的修復過程は行き詰まるだろう。

和解は、個人のレベルだけでなく、個人がおかれている社会状況に依存する。したがって、ボスニアのムスリムとクロアチア人を、あるいはトゥチとフトゥを一緒に働くようにしようと努めるコミュニティでは、個人レベルの和解もいっそう促進するであろう。

和解は個人と個人の間で進むものだが、そのプロセスは、敵対的な集団との交流を許す社会、公正さと平等の原則にもとづく人間的な社会を構築するという共通の目標に向けての協力を促す社会においてのみ進展する。

裁判は犯罪者を罰する手段として支持されているが、ハーグとアルーシャのアドホックな国際裁判所（ＩＣＴＹ、ＩＣＴＲ）に関しては、これらが地理的に遠く、情報があまり行き届いていないため、自分たちの生活とはあまり関係のない存在と考えられている。短期的にみれば、国際刑事裁判は、分断されたコミュニティの民族対立を悪化させ、必ずしも和解に寄与しない。和解は非常に複雑なプロセスである。裁判所が、その町の人間を処罰しようとするなら、コミュニティはいっそうひどく分断される。

我々が二〇〇二年に行った二〇九一人のルワンダ人を対象とする調査結果によると——少なくとも裁判所が機能し始めて六、七年という時点だったが——回答者の八七%が、アルーシャの国際裁判所（ＩＣＴＲ）を「あまり知らない」、あるいは「まったく知らない」と答えている。裁判所は機能しているが遠いところにあり、地元の人びとは裁判で何が行われているか、あまりよく認識していない。彼らの理解を促しギャップを埋める努力が必要だ。

一六二四人を対象としたクロアチア、ボスニアでの調査によると、セルビア人、クロアチア人の多くがハーグの国際裁判所（ＩＣＴＹ）に憤りを覚えている。彼らに言わせれば、ＩＣＴＹは自分たちの民族に偏見を抱いているのだ。

裁判が戦後の社会で有意義な役割を果たすためにはいくつかの要素が満たされなければならない。ひとつは、戦争で最も大きな被害を受けた人びとの意見をとり入れる協議プロセスの存在である。さらに、裁判の目標が明確化されていることである。裁判が何をもたらすかについて、人びとに過度の期待を抱かせてはならない。裁判所が完全な和解をもたらすなどと言ってはならない。旧ユーゴでもルワンダでも、我々は国際裁判所の効果について謙虚にならなければならない。

正義を追求する場合、国際的なレベルだけでなく、ローカルなレベルにも注目しなければならない。ルワンダでの調査によると、回答者の九一%が草の根の裁判とでもいうべき「ガチャチャ」を支持している。正義を実現するためには、その国自体で裁判を行わなければならない。真実究明委員会のようなメカニズムをつくることは可能だが、全員無罪にしてしまうというような神話は払拭すべきである。さもなければ将来の暴力は回避できまい。

虐殺の傍観者については、まだ十分な成果があがっていない。直接的に戦争に関与しなかったが、傍観した、あるいは受け身の立場であった人びとにどう対処すべきなのだろうか。

戦後社会の責任には社会正義が含まれねばならない。我々の情報提供者によると、社会正義とは、自分たちが住みたいところに住み、恐怖を感じずに移動できる、家族の遺体が戻ったときにきちんと埋葬できる権利をもち、仕事をし、子どもを学校に送り出すことができるということである。犯罪に対する応報的な正義とともに社会正義をコミュニティ・レベルで追求しなければならない。

最後に、米国の著名な法学者ジュディス・シュクラール（Judith Shklar）を引用しよう。「裁判の実際上、観念上の限界を示すことは、裁判を軽視することではない。その目的は、道義的に多元的な世界で裁判が直面する道義的な困難を説明し、裁判がその世界の中で自らの居場所を見出せるよう手助けをすることである」。私自身、裁判に協力し支援している。たしかに裁判所に居場所はあるが、私たちが社会をサポートし、平和的共存に向けて行うべきことは裁判以外にも数多くあるだろう。

＊本稿は、エリク・ストーヴァー氏の講演を録音したテープを起こし、同氏の了承を得て訳出したものである。

第1部　紛争の歴史から

◆紛争の歴史に学ぶ

石田　勇治

第1部では、世界の様々な地域の過去と現在の紛争、とくに「民族浄化」やジェノサイド（集団殺害）の具体例をとりあげ、そのメカニズムの特徴と共通点の解明に取り組み、あわせて事後の復興と和解をめぐる「紛争後社会」の動態分析を試みたい。検討する事例は、①旧ドイツ領西南アフリカ（現ナミビア）、②ルワンダ、③旧ユーゴスラビア（バルカン）、④コーカサス（ナゴルノ・カラバフ）、⑤インドネシア（アチェ）、⑥グアテマラでの紛争である。第1部が全体として強調したい論点は、次の四つにまとめられる。

まず、紛争で生じる加害者と被害者の関係は固定的なものではなく、繰り返される暴力の連鎖の中で被害者が加害者に転じる「置換現象」がしばしば起きる点である。とくに、バルカンやルワンダでの紛争にこの現象が顕著である。ナゴルノ・カラバフ紛争にみられる暴力の応酬は、オスマン帝国による虐殺の被害者としてのアルメニア人イメージを相対化させる。被害体験が復讐の情念を誘発し、次の加害行為の契機となる危険性は、内戦終結後のグアテマラにも認められる。

次に、ジェノサイド犯は一見、所与の集団を破壊するようにみえて、実際は破壊すべき集団のカテゴリーを自ら恣意的に作り上げることが多いという点である。例えば、ナチ・ドイツが殺戮の対象とした「反社会的分子」は、ナチ自らが定義して作り上げたに過ぎない。バルカン紛争では複数のエスニック・アイデンティティが権力者によって人為的に作られ、紛争時にこれが徹底的に利用された結果、「自らの出自を知らないまま、かつての隣人や親族に銃を向ける」住民が大勢出現した。したがって、ジェノサイド条約が規定する国民的・民族的・人種的・宗教的集団をメルクマールとしてジェノサイドを考察することは、実行犯の論理を無批判に受け容れることにつながり、紛争発生要因を理解する妨げになりうる点に注意が必要である。

第三に、ジェノサイドは集団の破壊を意図して行われる行為を意味するが、破壊自体を目的とする事例はほとんど存在せず、むしろ何らかの特定の目的と結びついて実行されることが多いという点である。例えば、入植地・植民地では領土保全や資源・物流の確保を目的に、共同体内では統合力強化・社会的効率化、独裁体制下では政治権力の確保・安定化、戦争・内戦下では勝利のためにジェノサイドが遂行されている。軍事占領下では治安確保や威嚇を目的に行われることが多い。ナチ・ドイツのユダヤ人殺害(ホロコースト)でさえ実利的な目的と無関係ではなかったのである。

第四に、ジェノサイドの多くは国際社会から黙殺される一方で、これを正当化するイデオロギーと殺戮の手法は国境を越えて伝播し「学習」されてきたという点である。とくに、一方で法の支配を訴えながら、他方でグアテマラなど中南米の軍事政権を支援してきたアメリカ合衆国の両義的な役割は、改めて検討されなければならないだろう。

ジェノサイド研究は、「民族浄化」やジェノサイドの発生要因を究明するだけでなく、事後の社会再建と紛争予防に貢献しようとする学問である。ジェノサイドのなかには、ルワンダのように民族紛争の形態をとりながら実態としては政治権力闘争である例も多い。当事者が自己に有利なイメージ戦略・情報操作を展開することもあるなかで、現地社会の複雑な利害関係・対立軸を見誤れば、国際社会の介入はかえって新たな紛争の火種となろう。実際、本書序でストーヴァーが言及しているように、ルワンダであれ、旧ユーゴであれ、国際刑事裁判には公正さが欠けるとの疑念が表明されている。当事者が受け容れられる正義を実現し、かつて憎しみあった人びとの共存を可能にするためにも、紛争の具体的な要因究明は火急の課題といえよう。

第1章　旧ドイツ領西南アフリカ（現ナミビア）の先住民ジェノサイド

ユルゲン・ツィンメラー（石田勇治・訳）

1　ナミビア　一九〇四年

旧ドイツ領西南アフリカでドイツ帝国軍が引き起こした先住民ヘレロとナマの虐殺は、二〇世紀初のジェノサイドとなった。これはドイツ史の最も暗い負の部分を表す出来事だが、二〇〇四年、ドイツ政府はこの犯罪に関して公式の謝罪を行い、その責任を明らかにした。政府は、百年前の植民地での虐殺をジェノサイドと認定したのである。

ジェノサイドはアフリカの大西洋側、南アフリカとアンゴラの間に位置する現在のナミビアで起きた。ここは一八八四年から第一次世界大戦が始まるまでの三〇年間、ドイツの植民地であった。ヘレロとナマの生存基盤は、このジェノサイドによって壊滅的に破壊されてしまった。

アフリカで文字通り史上初の「人種戦争」となったこの戦争は、一九〇四年一月一二日に始まった。この戦争がジェノサイドに帰結するとは、当初誰も考えていなかった。以前にも紛争はあったが、和平合意や植民地当局への土地の割譲などで決着していた。しかし、この時ばかりはヘレロが大きな勝利を収めた。わずか数日で一二三人のドイツ人入植者が農園で殺害された。財産も略奪され、わずかに入植地と要塞だけが残された。だがヘレロは最終的な勝利を手にすることはできなかった。ドイツ帝国が増強兵力を送り込んだためである。ドイツ帝国政府の決定にしたがい、ロイトヴァイン総督はトロータ将軍にドイツ軍の指揮を委ねた。トロータ将軍は、ドイツ領東アフリカや中国(義和団事件)で名を馳せた植民地戦争歴戦の勇士であった。

将軍は現地について無知に等しかったが、この紛争を「人種戦争」、つまりヨーロッパ人とアフリカ人の普遍的な紛争の一部とみなしていた。将軍によれば、「アフリカ人はただ獣のような力にしか屈しない。叛乱部族を絶滅させるためには、獰猛な力と残忍さをもって奴らを血祭りにしなければならない」。

将軍は現地入りに先立ち、武装叛乱兵などドイツ軍に反逆するアフリカ原住民は全員、裁判なしに射殺してもよいという権限をドイツ軍将校に与えた。これは敵兵全員の射殺を意味した。一九〇四年八月のウォーターバーグの戦いに苦戦した将軍は、ジェノサイド的な戦略を植民地戦争に導入した。

包囲されたヘレロは東へ、現在のボツワナ方面へ逃げたが、そこはオマヘケの砂漠地帯であった。ドイツ軍は逃走者を渇水地域に追い込み、泉を占拠してヘレロの水へのアクセスを断った。将軍は書いている。「草原ヘレロと女子どもが水乞いにやってきた。私は、力づくで全員追い返せと命じた。捕虜が大勢ここに集中すれば、兵士の食糧と健康に有害だからだ」と。

一〇月の初め、将軍は悪名高いジェノサイド指令を下した。

「ヘレロはもはやドイツ臣民ではない。奴らは殺し、盗み、負傷兵の耳や鼻を切りとった。臆病で戦うことも望んでいない。（中略）ヘレロはこの土地を去らねばならぬ。さもなければ、大砲をもって去らせるまでだ。ドイツ勢力圏内のヘレロは皆、武装していようがいまいが、牛をもっていようがいまいが、射殺せねばならぬ。女子どもも容赦はしない。追い返すか、さもなければ撃たれるまでだ」。

女たちを狙うことはないが、「頭の上を銃弾がかすめるようにして逃げさせろ」と命じている。「この声明のおかげで、女子どもに残虐行為が及ぶことはなかった」。将軍は冷笑的にそう書いている。だが、砂漠の他にどこへも逃げることのできなかった何千もの人びとは結局、渇きで死に絶えたのである。

騎兵隊指揮官のルートヴィヒ・フォン・エストルフ少佐は次のように述べている。

「足跡をたどってゆくと、井戸が多数見つかった。おぞましい光景だ。水がなく斃れた牛の死体が四散している。牛は泉までやってきたが、水を飲む間もなく死んだ。ヘレロは砂漠へ逃げた。おぞましい光景が繰り返された。人びとは井戸を掘ろうと必死になったが、地下水は涸れていた。ここまで攻撃するのは常軌を逸している。もし彼らに赦しを与え、捕虜にすれば、多くの人と家畜が救えたはずだ。彼らはもう十分に罰せられている。私は将軍にそう進言したが、将軍はヘレロの完全な絶滅を望まれた」。

公式の戦史は、これとはいささか異なる見解を示している。「ヘレロが瀕死の動物のように水源から水源へと移動したため、泉は涸れてしまった。結局、彼らは自分の土地の自然法則の犠牲者となった。水のないオマヘケこそ、ドイツ軍が着手したヘレロ殲滅の仕事を完遂させたのだ」。母なる大地が彼らを殺したというわけである。

トロータの命令は、将軍の意図に反して、最終的に取り消されたが、その時点ですでにジェノサイドは引き起こされていた。帝国政府の方針変更は決して人道的な配慮に基づくものではなく、ドイツの残虐行為が反独宣伝に利用されるのを恐れたにすぎない。ある幕僚長は次のように述べている。

「一国民を全滅するか、追放するという将軍の意図は容認できる。いったん始まった人種戦争は、一方の側が全滅するか、それとも完全に奴隷化されない限り終わりようがない。現況から見て、後者は不可能である。したがって将軍の意図は容認されるが、将軍にはそれを実行する力がない」

ジェノサイドは、将軍の命令が取り消された後、戦争の第二局面でも続いた。今度はナマを相手に、ドイツ軍はゲリラ戦で勝利を収めた。ドイツ軍は食糧生産を破壊する作戦に出た。とくに水が狙われた。水源に毒を入れ、井戸で待ち伏せして攻撃した。ウォーターバークの戦いの後と同様、ナマの生きる糧を奪う戦略を展開した。

ナマがこの戦争を生き延びるためには収容所に入る他なかった。惨憺たる状況が彼らを待ち受けていた。シャーク島、スワコプムントの収容所で大勢の女性と子どもが死んだ。ドイツ当局は知っていたが、助けようとはしなかった。「意図的に放置することで命を奪う」という手法は、後の第二次世界大戦下のソ連軍捕虜に対してもとられることになる。

2　人種と空間　ジェノサイドを正当化する論理

国連が一九四八年に採択した「集団殺害罪の防止及び処罰に関する条約」(ジェノサイド条約)によると、ジェノサイドとは、平時戦時を問わず、「国民的、民族的、人種的または宗教的な集団の全部または一部を、集団それ自体として破壊する意図をもって行われる」殺人などの行為をさす。ここには、集団の身体的破壊をもたらすために意図された生活条件を故意に課すことも含まれる。ヘレロを砂漠に追いやり、生きるための糧を奪った行為は、収容所に押し込めたことを含めて、この定義に該当する。

旧ドイツ領西南アフリカで先住民ヘレロとナマの身に何が生じたかを究明することは、現在のドイツにとっても、ナミビアにとっても重要である。だが、それだけではない。ヘレロ、ナマのジェノサイドは、その規模と高度な組織性という点で、二〇世紀のジェノサイドの歴史にいくつかの示唆を与えてくれる。私は、このジェノサイドが帝国主義列強の植民地支配とナチによる絶滅政策をつなぐリンケージをなしていると考えている。ポイントは、両者に見られる「人種」と「空間」という考え方である。

植民地支配は、ナチの支配と同様、現地住民のすぐ隣に到来した新参者が広大な領土を支配・開発・入植することで成り立っている。これは対等な者同士の協力関係ではなく、武力を前提とする服従の強要、時には現地住民の殲滅を意味していた。植民地支配でもナチズムでも、この政策を動機づけ、正当化したのは人種主義、とくに人類は支配者となるべき高位の人種と、被支配者となるべき低位の人種に区分され、最下位の人種は故意の破壊や殺害にさらされてもやむを得ないとする考え方である。

たしかにヨーロッパの植民地支配にはいくつもの発展段階があり、その五百年の歴史の中で多様な形態をとってきた。西洋膨張の論理だけでなく、新「発見」され征服された土地の住民支配を正当化する理屈も変化した。しかし、自らの正当性と運命への確信は、いつも勢力拡大のイデオロギー的前提条件をなしていた。一九世紀に勢いをつけた社会ダーウィン主義は人種のハイアラキーと人種間競争を強調した。植民地の先住民は入植者の意のままになるか、最悪の場合は、排除の運命にあると考えられたのである。

こうした考え方は、世俗的な「千年王国」のユートピア思考に基づいている。つまり「約束の土地」という白人入植者の夢、誰も人のいない無垢の土地「タブララーサ」を自らの理解する文明に応じて作り上げ、自らをそのための天命、歴史的な使命、あるいは文明化の使命を担う存在と見なす考え方である。これらのために必要ならば、大虐殺もやむをえないというのである。神の思し召し、明白な運命の確信、先住民を未開人、野蛮人、時には鼠と見下す姿勢が高度に組み合わさって、ジェノサイドの原動力を形成したのである。

一九世紀になると、自己の運命的な役割を宗教によって正当化する傾向にかわって、社会ダーウィン主義的な人種生物学的な歴史観が台頭した。トロータ将軍の「人種戦争」という表現は、この文脈におかれるべきものである。劣等人種の先住民は、人間に与えられるべきあらゆる権利の外に位置づけられた。

戦争の中で現地住民は絶対的な他者へと変容した。彼らは非人間化され、殺害された。ジェノサイドは最初、ローカルなレベルで起こった。植民地では、入植者や民兵団による現地住民の殺害は頻発したが、それは組織的な懲罰遠征の契機ともなった。元来、植民地警察や保護軍はこのために整備されたものである。この作戦が高度化したのが、「敵」の鎮圧と平定を目的とするジェノサイド的な戦争である。ヘレロとナマに対するドイツ軍のジェノサイドはこの重要な事例であり、高いレベルの組織性を必要とする大規模な軍事行動によって引き起こされたものである。

3　ナチ・ドイツ絶滅戦争との類似性

ヘレロとナマに対するジェノサイドには、第二次世界大戦下東部戦線で遂行されたドイツ軍の絶滅戦争に通じるいくつかの要素が見られる。たしかに第二次大戦は、その大規模な戦車戦や空爆の強い印象ゆえに、植民地戦争とは何の共通性もないように見える。だが細部を検証すると、両者の類似性を確認できる。独ソ戦は、一般に通常の欧州列強聞の戦争と見なされているが、ドイツ側にそのような意識はなく、戦争法を度外視した、結果として植民地戦争と同様の戦争となった。

西欧近代の戦争では一般に、敵は自らと対等な価値をもつ存在と見なされており、敵が捕虜となっても基本的な権利は与えられていた。だが、植民地戦争は別だった。ここにはそうした配慮はなく、捕虜は無権利状態におかれ処断された。第二次大戦下、故意に饑餓にさらされた何百万ものソ連軍捕虜の扱いは、ナミビア戦争でのヘレロ・ナマの扱いと同じであると言わざるをえない。ヒムラーが一九四一年八月一日に下した命令は、プリピャチ湿原での虐殺であった。これはトロータ将軍の命令と酷似している。ユダヤ人の男性は全員射殺されるべきで、女性は沼地に追いやられるべきだと言うのである。

ナチ支配と植民地支配は、ナミビア戦争で生起したジェノサイドに着目すれば、相互に構造的な類似性を有していることがわかる。ナチの絶滅戦争の核心には、西欧列強の植民地主義を貫く「人種」と「空間」という観念があった。私は、ナチの残虐行為を西欧列強が行った先住民虐殺の模倣に過ぎないと言うつもりはないし、ナチ犯罪の原因をヨーロッパ植民地主義の伝統に見出そうとしているわけではない。ナチズムのイデオロギーと政策はきわめて複合的、折衷的であり、このような単純な還元は意味がない。しかし、二〇世紀のジェノサイド思考の起源を探ろうとすれば、植民地支配は重要な示唆を与えてくれる。

たしかに、ナチのユダヤ人虐殺は歴史的な反ユダヤ主義を原動力とし、ユダヤ人は世界支配の陰謀を企んでおり、それゆえに根絶しなければならないという脅迫観念がつきまとっていた。それでもこれが本当に実行されるためには、ある特定集団は抹殺されるべきだとする考え方が流布し、その考え方がすでに実行に移されていたという現実が必要であった。ドイツの植民地ではこれが実際に行われていたのである。

ナミビアからアウシュヴィッツへ道がつながっているか否か、歴史研究では議論の的となっている。いずれにせよ、アウシュヴィッツへの道は色々な場所から始まっており、その一つが植民地支配であったということはもっと認識されてよいだろう。

第2章　ナゴルノ・カラバフ紛争をめぐる平和構築の課題

廣瀬　陽子

1　ナゴルノ・カラバフ紛争とは

ナゴルノ・カラバフ紛争は、ソ連時代およびその解体によってアゼルバイジャンとアルメニアが新興独立国となった時代の各々において、特有の内政・外交の状況、地政学的問題と併せ、長い歴史の中に位置づけて考える必要がある。だが、それがゆえに状況は非常に複雑となっている。

まず、ナゴルノ・カラバフ紛争の概要を述べる。ナゴルノ・カラバフが位置するアゼルバイジャン共和国は、旧ソ連の一構成共和国であったが、一九九一年のソ連解体を機に独立し、地理的にはカスピ海、ロシア、グルジア、イランなどに囲まれている。アルメニア系住民が多いナゴルノ・カラバフは、ソ連時代、アゼルバイジャン内の自治州として存在していた。

しかし、一九八七年頃からナゴルノ・カラバフ自治州のアルメニア人が、アゼルバイジャンからの分離とアルメニアとの統合を訴え始め、当初は平和的な運動であったものが、一九八八年二月のスムガイト事件（アゼルバイジャンの首都バクーに程近い工業都市スムガイトでアルメニア人虐殺が行われた事件）を機に暴力化し、相互の民族浄化の応酬となって、ソ連解体後はアゼルバイジャンとアルメニアの全面戦争となった。

同紛争は一九九四年五月より、ロシアの仲介で停戦しているが、現在もアゼルバイジャン領の二〇％にあたるナゴルノ・カラバフおよびその周辺地域を、アルメニア人が本国と結合する形で占拠したままとなっている。

このように広い地域を占領され、さらにアルメニアでも多くのアゼルバイジャン人が民族浄化されたために、アゼルバイジャンでは現在、難民と国内避難民（ＩＤＰ）の問題が非常に深刻になっている。その数は百万人、すなわち国民の八人に一人にのぼり、いまだに多くが難民キャンプ暮らしを強いられていることから、彼らの人権問題はもちろん、政府の財政問題、ひいては地域の不安定化にもつながり、大きな社会問題となっている。

現在は、このナゴルノ・カラバフ紛争は、ＯＳＣＥミンスク・グループが公式の仲介人として和平を目指しているが、状況は停滞したままであり、ナゴルノ・カラバフは共和国を名乗り、国際承認はないものの、事実上の独立国家となっており、「未承認国家化」している。

2　ナゴルノ・カラバフ紛争のメカニズム

それでは、この紛争のメカニズムについて考えていきたい。まず、歴史的な敵対、つまりアルメニア人大虐殺や国境確定問題などに端を発した両民族間の憎悪が、その後の相互作用によりますます拡大していきながら論争や暴力の応酬となってしまったと考えられる。そして、そのプロセスが繰り返されるごとに敵対の規模が雪だるま式に拡大していった。さらに、ペレストロイカなどの時代背景が、敵対関係を促進した側面についても看過できまい。

また、この地域には、紛争を悪化させ、和平を阻害する素地がある。まず、地政学的位置である。アゼルバイジャンのバクーは石油が採れることで有名であり、カスピ海の石油をめぐる欧米の攻防がある。また、この地域はロシア、イラン、トルコという大国が周りを囲んでおり、欧亜そして宗教（キリスト教圏とイスラム教圏）の十字路に位置することから、地政学的に非常に重要な地域であるといえる。

第二に、考えるべきは国際的環境である。前述の地政学的問題とも絡むが、さらにアルメニア人ディアスポラの影響と、ロシアおよびイランのアルメニア人支援と兵器の供与と拡散という問題が紛争を悪化させている。さらに、両国は新興独立国であるため、国家建設が急務となっている。そのためにはナショナリズムを高揚させることが必要であり、この紛争が内政に利用されているため、和平の動機付けに悪影響となっているという側面がある。

3　民族浄化と被害者・加害者の置換プロセス

次に、本章の課題である、民族浄化と被害者・加害者の置換プロセスについて考えていくが、まず、いくつかの前提を押さえておきたい。

まず、アルメニア人はトルコ人とアゼルバイジャン人を同一視しているという点である。トルコ人はトルコ語を話

表2－1　繰り返される民族浄化と被害者・加害者の置換プロセス（筆者作成）

年	事件	被害者	加害者	備考
1895-96	アルメニア人虐殺	アルメニア人	トルコ人	
1905-07	アルメニア・タタール戦争	アゼルバイジャン人	アルメニア人	当時のアゼルバイジャン人の呼称はタタール人
1915-22	アルメニア人大虐殺	アルメニア人	トルコ人	
1918	バクー虐殺	アゼルバイジャン人	アルメニア人・ロシア人	アルメニア人はトルコ人とアゼルバイジャン人を同一視
1918-20	民族浄化の応酬	アゼルバイジャン人・アルメニア人双方		
1948-53	民族浄化の応酬	アゼルバイジャン人・アルメニア人双方		
1988	スムガイト事件	アルメニア人	アゼルバイジャン人	ナゴルノ・カラバフ紛争は、スムガイト事件以後1994年の停戦まで相互虐殺常態化
1988-94	民族浄化の応酬	アゼルバイジャン人・アルメニア人双方		
1990	黒い一月事件	アゼルバイジャン人	ロシア人（ソ連軍）	
1992	ホジャル事件	アゼルバイジャン人	アルメニア人	

し、宗教的にはイスラム教スンニ派を信仰している民族で、アゼルバイジャン人はシーア派なので、宗教的には若干違いはあるが、やはりイスラム教を信仰し、またトルコ語と非常に近いアゼルバイジャン語を話す。そのため、確かに民族的な近接性はあるのだが、アゼルバイジャン人にとってはトルコ人と同一視されることはきわめて迷惑である。なぜなら、アルメニア人は、トルコ人に対する復讐をアゼルバイジャン人に対して行う傾向があるからである。この背景には、トルコという大国は大きな敵だが、アゼルバイジャン人は旧ソ連の小さな敵であるということもある。また、アルメニア人にとって、反トルコという意識はアイデンティティ形成の大きな支柱の一つとなっている。そして、世界で初めてキリスト教を国教化したアルメニア人のもう一つのアイデンティティは、アルメニア教会にあるといえる。最後に、アルメニア人は「大アルメニア構想」というものを心に抱いている。それは、海から海へ、この場合はカスピ海から黒海まで（カスピ海から地中海までという説もある）を示し、それがかつてアルメニア人の土地であったとして、その「未回収のアルメニア」、中でもとりわけ現在トルコ領になっているアルメニア人にとっての重要なシンボルで

あるアララト山、さらにアゼルバイジャン領のナゴルノ・カラバフをまず優先的に回収するということが、彼らのアイデンティティの大きな礎となっているのである。

このような背景を加味して、民族浄化の歴史を見ていくが表2-1のように、非常に複雑な民族浄化のプロセスが見られる。

最初のオスマントルコによるアルメニア人虐殺は有名な、いわゆる「アルメニア人大虐殺」の前哨戦ともいうべきもので、規模はそれほど大きくなかった。しかし、アルメニア・タタール戦争を経て、オスマン帝国でアルメニア人大虐殺が起こると、相互の虐殺の規模が加速度的に大きくなっていく。

次に、一九一八年にバクーでロシア軍とアルメニア人によるアゼルバイジャン人虐殺が起こる。一九一八年は、ロシア帝国からアゼルバイジャンとアルメニアが独立した年でもあるのだが、その独立の間、相互間で激しい民族浄化が繰り返された。また、ソ連時代にも小さいレベルの相互虐殺が一九四八年から一九五三年に起きた。とはいえ、ソ連時代は一応の平穏は保たれていたのだが、ペレストロイカ期になってまた紛争が再燃していく。

ナゴルノ・カラバフ紛争が単なる政治的運動から武力紛争に転化したきっかけとなったのが一九八八年のスムガイト事件である。この事件には多くの陰謀説が付きまとい、いまだに不明な点も多いが、アルメニア人が虐殺されたとして、以後、一九九四年の停戦まで相互の虐殺が常習化していく。

その中でも、一九九〇年の「黒い一月事件」と一九九二年の「ホジャル事件」については特筆すべきだろう。前者は、ソ連軍がアゼルバイジャン人民戦線の台頭を恐れ、アルメニア人を救うという名目で、バクーに侵攻し、多くの市民が犠牲となった事件である。後者は、ナゴルノ・カラバフの中のホジャルというアゼルバイジャン人集住地区を真夜中にアルメニア人が襲い、女性や子どもを含む大量の死傷者が出た事件であり、アルメニア人の残虐性を象徴するものとしてとりわけ主張される事件である。これらの痛ましい事件を背景に、相互の虐殺の応酬が続いていったという経緯がある。

この被害者・加害者の置換プロセスの特徴であるが、まず被害者と加害者の置換が連続していくことによって、雪だるま式に虐殺・紛争の規模が拡大していくという非常に皮肉な悪循環が見られる。さらに、加害者に自覚や罪悪感がなく、復讐は当然の権利だと認識していることも厄介であろう。

今後の和解を考えるうえでは、各アクターの紛争に対する感情を理解することが必要だが、アルメニア在住のアルメニア人、ナゴルノ・カラバフ在住のアルメニア人、アゼルバイジャンの一般市民および難民、国内避難民はそれぞれ異なる見解を持っており、それらの間の意見調整は困難だ。さらに、政治経済状態、生活水準の悪化は依然として両国で厳しいために、和平の前提となるような相互の譲歩を阻害しているのである。

また、相互のプロパガンダの濫用、紛争の内政への利用、アルメニアロビーなど外部からの応援、難民・避難民の問題の深刻さ、当地の政治経済の不安定さと失業率の高さを含む生活レベルの低さなども、和平の阻害要因といえるだろう。

4　今後の平和構築の展望

最後に、今後の平和構築の展望であるが、ＯＣＳＥミンスク・グループはじめ、中立的な仲介者が不在であることは大きな問題だが、やはり中立的な仲介者が介在して双方が満足できるような和平案が練られることが必要だといえる。さらに、コーカサスは大変紛争の多い地域であるので、コーカサス全体で紛争解決および平和構築を考えることが重要だろう。例えば経済的利益の共有化などで、和平を受け入れることへの意欲を高める、などの方策が考えられる。実際、二〇〇〇年から二〇〇一年にかけては、ヨーロッパのＣＥＰＳが、コーカサス安全協定という提案をし、かなり現実的なレベルで議論が進んでいた。また、同じ時期に、ロシアがコーカサス４という、コーカサスの四か国で安全協定を作る試みを提案していた。しかし、九・一一テロにより、地域の安全保障の形が大きく変わったこと、チェチェン紛争の緊迫化の中で、ロシアが旧ソ連の分離主義派を支持してきたにもかかわらず、チェチェンの独立は認めないというダブル・スタンダードが露呈されたことにより、地域単位の試みは自然消滅した。それでも、やはりこれほど紛争の多いコーカサスの現状に鑑みれば、地域レベルで紛争解決、平和構築をしていくというのが、困難ながらも最も有望な策だといえるだろう。

参考文献

廣瀬陽子『旧ソ連地域と紛争――石油・民族・テロをめぐる地政学』(慶應義塾大学出版会、二〇〇五年)

北川誠一・前田弘毅・廣瀬陽子・吉村貴之編著『コーカサスを知るための60章』(明石書店、二〇〇六年)

Olga Oliker, 2003, Thomas Szayna, eds., *Faultlines of Conflict in Central Asia and the South Caucasus: Implications for the U.S. Army*, RAND.

Rovshan Novruzoglu, Yunus Oguz, 2002, Karabakh: Uncontrolled Zone…, Baku: Ozan.

Thomas de Waal, 2003, Black Garden: Armenia and Azerbaiojan through Peace and War, New York University Press.

Tim Potier, 2001, Conflict in Nagorno-Karabakh, Abkhazia and South Ossetia: A Legal Appraisal, Kluwer Law International.

Yoko Hirose, 2005/2006, "Aspects of Genocide in Azerbaijan," *Comparative Genocide Studies*, vol. 2, pp. 32–44.

第3章　ルワンダ紛争の主体は誰か

武内　進一

ルワンダではこれまで深刻な紛争が何度か勃発し、とりわけ一九九四年にはジェノサイドと呼びうる大量殺戮が起こっている。一般に、ルワンダの紛争はエスニックな対立として理解され、トゥチとフトゥという集団が紛争の主体だと捉えられてきた。「ルワンダの紛争？　ああ、トゥチとフトゥの部族対立ですね」というわけだ。しかし、そうした集団間の対立としてルワンダの紛争を理解することには、大きな問題がある。それは事態を過度に単純化し、国際社会が紛争に介入する場合に深刻な問題を引き起こすことになろう。以下では、ルワンダの紛争をその主体に注意しながら概観し、紛争理解と外部介入の関係について考えたい。

1　ルワンダの紛争概略

トゥチとフトゥはルワンダの人口を構成するエスニック集団であり、トゥチが総人口の一割強、フトゥが八割強を占める。ただし、両者に言語や宗教の違いはなく、居住地も混在している。両者の通婚も珍しくない。

ルワンダ王国の歴史についてはなお不明な点が多いが、先住民がフトゥであり、その後に移住してきたトゥチがフトゥを征服して王国を築いた、というかつて流布した歴史観に科学的な根拠がないことは、今日歴史家の共通理解となっている。植民地化直前の一九世紀、ルワンダ王国の中心部ではトゥチのチーフが土地に対する権利を独占し、フトゥの農民から賦役や貢納を得ていた。しかし、王国の周縁部ではフトゥ、トゥチというアイデンティティは希薄であり、両者の区別も曖昧だった。

トゥチとフトゥとの関係は、植民地期に大きく変化する。その理由として重要なのは、委任統治国のベルギーが、ヨーロッパの人種理論をルワンダに持ち込み、トゥチとフトゥとを異なる人種と捉えて差別したことである。彼らの人種理論によれば、トゥチは「支配する人種」、フトゥは「支配される人種」であった。こうした差別が、近代教育を受けたフトゥ・エリートに怨嗟の念を抱かせることになる。

ルワンダ史上初めての全国的な紛争が勃発したのは、植民地末期の一九五九年のことである。この紛争は、独立直前の時期に、政党間の権力闘争が一般大衆を巻き込んで拡大したものだった。有力政党ルワンダ国民連合（UNAR）は、王を中心とする現行の権力構造を維持したまま独立することを主張し、それに対してもう一つの有力政党フトゥ解放運動党（PARMEHUTU）は、独立に際してフトゥの政治的権利を拡大するよう訴えた。ベルギーは、政治体制民主化のためには人口的多数派であるフトゥの政治力強化が望ましいと考え、PARMEHUTUを政治的、軍事的に支援した。その結果、ＰＡＲＭＥＨＵＴＵが政治権力を握り、トゥチを中心に多くのＵＮＡＲ支持者が難民となって国外に流出した。

ベルギーは、ＰＡＲＭＥＨＵＴＵが人口的多数派であるフトゥを代表し、ＵＮＡＲが少数派のトゥチを代表すると考えたが、政党の支持基盤はそうした集団と必ずしも重なっていなかった。ＵＮＡＲは、トゥチの政党というより王を中心とする統治体制を望む人々の政党で、その支持者にはフトゥも含まれていた。一方ＰＡＲＭＥＨＵＴＵは、フトゥの解放を政治目標に掲げてはいたが、現実には近代教育を受けた一部のフトゥ、特に初代大統領カイバンダと同じ中部出身者の利益を代表していたに過ぎなかった。ＰＡＲＭＥＨＵＴＵのこうした性格が、一九七四年にやはりフトゥであるハビャリマナのクーデタを招くことになる。ハビャリマナをはじめとする北部出身者は、カイバンダに近い一部の人々が権力を独占する政治体制に不満を抱き、クーデタに及んだのである。

政権を握ったハビャリマナは、やはり自分の取り巻きを中心とする権力の構築に向かい、彼の親族などごく少数以外はフトゥであれ、トゥチであれ、政治権力の中枢から排除された。この政治姿勢が、ルワンダ愛国戦線（ＲＰＦ）の侵攻による内戦勃発（一九九〇年）、そして民主化（一九九一年）に伴う多数の野党の出現に結びついていく。ＲＰＦは、独立時の紛争でルワンダを逃れた難民とその第二世代、そしてハビャリマナ政権に不満を抱くフトゥから構成されていたし、国内において政権に不満を抱く人々は野党を結成し、集権的統治の改革を迫った。

内外から圧力を受けたハビャリマナ政権は、こうした政治対立をエスニックな対立として国民に提示した。ＲＰＦはトゥチであり、トゥチはフトゥに対する支配の復活を狙っていると宣伝し、自らに反対する者を、トゥチか、あるいはトゥチの「共犯者」だと攻撃したのである。内戦という緊迫した状況のなか、また民主化によって政党間の競争が激化するなかで、エスニックな扇動は政治家の権力闘争に利用され、特に一九九三年以降、ＲＰＦに対して非妥協的態度を主張する急進派勢力が急速に膨張していった。

一九九四年四月六日夜、ハビャリマナ大統領が暗殺されると、政権中枢を掌握した急進派は、暗殺はRPFの仕業だとして、RPFのシンパを殺すよう指令を発した。結果として起こったのは、恐るべき殺戮である。トゥチの一般市民が無差別に殺され、政府に批判的なフトゥの野党指導者も選別的に殺害された。当時ルワンダの人口は七五〇万人程度だが、その約一割が一〇〇日足らずのうちに殺害されるという凄まじいスピードであった。

ルワンダ全土で混乱が続くなか、同年七月にRPFが内戦に勝利し、ようやく虐殺に終止符が打たれた。国外に逃れた前政権派は、RPF主導の政権をトゥチの支配だと批判したが、当初は大統領や内務大臣をはじめとする重要ポストにフトゥの政治家を任命し、人材を幅広く登用していた。しかし、内戦終結から時間が経つにつれ、政権内のフトゥの政治家が徐々にパージされ、皮肉なことに今日では、トゥチの政権だという批判が現実味を帯びつつある。

2　紛争の主体とエスニック集団

こうしたルワンダの歴史を、トゥチとフトゥという二つのエスニック集団間の抗争として理解することは、様々な問題を孕んでいる。我々が認識すべきは、ルワンダにおける二つの大きな紛争が、いずれも政治対立として始まり、その後エスニックな敵対関係にすり替えられたということである。

一九五九年の紛争はもともと政党間の対立に始まったが、「フトゥ」を支援したい植民地当局の思惑に沿う形で、PARMEHUTUが政治権力を握った。この過程で、トゥチだけでなく、王制を支持するフトゥも難民となって周辺国へ逃れた。その後、一九六一年や一九六三年に、流出した難民達が武装して本国に侵攻する事件が起きるが、ルワンダ政府はベルギーの支援を得て侵攻を鎮圧し、さらに報復として、国内で多数のトゥチを虐殺した。難民勢力は王政復古を目的として侵攻したのだが、政府はそれをトゥチの復権を狙うものと位置づけ、国内のトゥチ殺戮によって報復したのである。

一九九四年のジェノサイドの構図もそれに似ている。一九九〇年にルワンダに侵攻したRPFにはフトゥも参加していたが、ハビャリマナ政権はRPFをトゥチの支配復活を狙う勢力だと宣伝し、反政府勢力をすべて「トゥチとその共犯者」として位置づけた。そして、大統領暗殺をきっかけとして、トゥチと、野党のフトゥ指導者を虐殺した。つまり、もともと二つのエスニック集団が対立して紛争が始まったのではなく、政治対立、端的に言えばエリート間の権力闘争のなかで、政治的反対勢力を潰すためにエスニックなラベルが用いられたのである。

従来、ルワンダのジェノサイドで多くのフトゥ大衆が動員された理由として、「フトゥ至上主義」イデオロギーやそれを流布するマスメディアの影響が重視されてきた。ラジオを通じてフトゥ至上主義に洗脳されたフトゥ農民が、ナタを手にしてトゥチの隣人を殺戮した、という構図である。こうした見方は、例えばゴーレイヴィッチ（二〇〇三）に典型的な形で見られる。ルワンダはナチスドイツと同様の全体主義国家であり、国民を総動員して――すなわち、テクノロジーの低さを殺戮に参加する人間の数で代替することによって――、ジェノサイドを実行させたというのが彼の主張である。

ゴーレイヴィッチの主張は、事態を過度に単純化しているように思う。フトゥの民間人がナタでトゥチの隣人を殺害した事例があったことは事実だが、虐殺の実態を詳細に検討すると、大規模な虐殺には必ず軍や警察が動員され、銃や手榴弾などの近代的な武器が用いられている。近代的な武器が使われたからこそ、世界史上例を見ないほどのスピードで殺戮を進めることができたのである（武内 二〇〇三）。フトゥ大衆も殺戮に参加しているが、その多くは民兵であり、行政機構の長や政党幹部ら虐殺の主導者と個人的なつながりを持っていた。彼らは、「フトゥ至上主義」を信じ、「フトゥ民族」のために殺戮に参加したというより、ボスの命令を受けて殺戮を実行したと考えるべきである。トゥチにせよフトゥにせよ、"Nation" という意味での民族ではない。彼らは、全体主義やナショナリズムによってではなく、パトロン・クライアント関係を通じて動員されたと考えるべきである。

この点に関連して、最近発表された研究がジェノサイドに関する普通のルワンダ人の興味深い見解を明らかにしている。ロングマンとルタゲングワが実施した意識調査によれば、一般のルワンダ人はジェノサイドに多くの民衆が参加したことを認める一方で、フトゥ、トゥチを問わず、それを本質的にはエリートの問題と認識しており、一般大衆は無知や恐怖から殺戮に参加したと考えている（Longman and Rutagengwa 2004）。また、ハビャリマナ政権期に喧伝された歴史観が歪曲されたものだったことを認めつつ、そうした歴史認識が少なくともローカルなレベルではジェノサイドの主たる要因ではないと考えており、国家権力は常に歴史を都合の良いように書き換えるものだという冷めた見方をしている。

ルワンダ史において権力をめぐる紛争を繰り返してきた主体は、国民全体から見れば少数の政治エリートであって、トゥチやフトゥという集団ではない。トゥチにせよ、フトゥにせよ、圧倒的多数は権力から疎外された小規模な農民に過ぎず、政治意識の一体性も低いのである。

トゥチとフトゥとの集団的一体性を自明視し、それを前提としてルワンダの政治状況を解釈する姿勢のために、先進国の介入はルワンダにしばしば悪影響を及ぼしてきた。植民地期ベルギーは、当初はトゥチを「支配する集団」と捉えて優遇し、独立直前には民主化の名目でフトゥを支援した。現実には、前者の文脈で優遇されたのは一部のトゥチ・

エリートであり、後者の文脈ではPARMEHUTUだった。PARMEHUTUは、独立後すぐ、大統領とその取り巻きの利益代表という性格を顕在化させた。

一九九四年のジェノサイドの後、ルワンダ国際刑事裁判所の設置のために派遣された国連の調査団は、フトゥとトゥチの報復の連鎖を抑止するために裁判所の設置が必要だと述べた。ここでも、フトゥとトゥチとは、相互に敵対する、一体性を持った集団だとみなされている。RPFはトゥチであり、トゥチが政権を握ったのだからフトゥに対する抑圧が始まるだろうというわけである。

しかし、現政権の問題は、フトゥに対する抑圧というより、政治権力を限られた集団で独占すること、トゥチ、フトゥを問わず、現政権に反対する者を抑圧することである。その意味で、内戦前のハビャリマナ政権、カイバンダ政権と同質の問題が今日再び浮上しつつある。それに対して必要なのは、特定エスニック集団の立場を向上させることではなく、少数が独占する権力構造を民主化することである。フトゥやトゥチを主語とし、集団の一体性を自明の前提としてルワンダ史を語るのではなく、社会の亀裂がどこにあるのか綿密に確認することで、真の問題の所在が見えてくるのではないだろうか。

参考文献

ゴーレイヴィッチ、フィリップ（柳下毅一郎・訳）『ジェノサイドの丘――ルワンダ虐殺の隠された真実』（上下）（WAVE出版、二〇〇三年）
武内進一「ブタレの虐殺――ルワンダのジェノサイドと『普通の人々』」武内進一編『国家・暴力・政治――アジア・アフリカの紛争をめぐって』（アジア経済研究所、二〇〇三年、三〇一～三三六頁）

Longman, Timothy & Theoneste Rutagengwa, 2004, "Memory, Identity, and Community in Rwanda," in Stover, Eric & Harvey M. Weinstein eds., *My Neighbor, My Enemy: Justice and Community in the Aftermath of Mass Atrocity*, Cambridge: Cambridge University Press, pp.162–182.

第4章　ボスニア紛争のメカニズム——多民族社会の再建に向けて

清水　明子

本章では、ボスニア紛争拡大のメカニズムを検討し、紛争予防をめぐる考察の一助としたい。ボスニア内戦は一九九二年、ボスニアの独立を問う住民投票と前後して勃発した。そして、いわゆるセルビア人勢力、ムスリム、クロアチア人勢力の間で、ボスニアの分割と覇権をめぐる争いとして、一九九五年まで続いた。三民族三つ巴の争いは、地域により異なる連携および同盟関係を伴いつつ、様々な形態の暴力をもたらし、どの陣営においても多大な犠牲を生み出すことになる。しかし、その最も特徴的な点は、「セルビア人勢力」が所与の集団と見なされ、終始「悪玉」の戦争当事者として扱われる一方、ムスリムとクロアチア人勢力は「善玉」の戦争当事者として意図的に括り上げられたことにあった。

ここでは、その「役割分担」を軸に、(1)戦争犯罪の扱われ方、(2)行為主体の置換性および、(3)「犠牲者」の重層性という三つの柱を中心に据えて紛争拡大のメカニズムを検討し、最後に、国際社会による二元論的取り扱いを容易にした一般的な政治文化を省みたい。ただし、この考察はセルビア人による犯罪を相対化するものではない。

1 戦争犯罪の扱われ方

ボスニア紛争においては、二重基準が様々なレベルで適用された。なかでも、民族対立に最も深刻な影響をもたらしたのは、戦争犯罪や人道に対する罪の一般的処罰方法が「民族」により異なり、犯罪そのものが「民族」により質的に区別されたということである。すなわち、同じ戦争犯罪および人道に対する罪が、一方でセルビア人勢力の犯した犯罪と、もう一方で、国際社会によりつなぎ留められたムスリム・クロアチア人勢力が犯した犯罪の二つに大別されたのである。

まず、セルビア人の場合は、罪がまったく確定していない段階から、メディアから国際社会におけるまで、多様なレベルで非難断罪され、それがセルビア人に対する包括的な制裁措置に直結した。NATOの空爆や経済制裁、国際戦犯法廷設置など、戦争の画期となる重大な決定がそれである。これ自体大きな問題を孕むが、より重要な点は、セルビア人による個別の罪が、事実上セルビア人全体に関わる「集団の罪」として解釈される点にある。それはとりもなおさず、個別犯罪がすべて、「民族浄化」という一貫した政策の一部と見なされることに由来した。セルビア人勢力の最大の戦争目的が「ジェノサイド」ないしは「民族浄化」であるということは、自明の理として設定されていた。したがって、セルビア人指導者も、部下の個別「犯罪」の責任をとり、即座に戦犯扱いを受けることになる。その一方で、クロアチア人やムスリムの場合は、セルビア人を対象とする、人道に対する甚大な罪がまさに進行中であっても、メディアにさえ取り上げられることがほとんどなく、戦争の大勢が決着した戦後一九九六年以降になり、初めて少しずつ起訴案件として表れるようにもなった。戦争中、個々の犯罪は「集団の罪」としてではなく、より低いレベルにおける、個人の罪として処理されるのが常であった。それに対応し、クロアチア人、ムスリムが個々の大量虐殺の存在を根拠に、「民族」として断罪されることもなかった。

こうした状況を確定するのに暗躍したのが、アメリカの大手広告会社のルーダー・フィン社であり、そのプロセスの中で最大の意味合いをもったのが欧米の有力なユダヤ系組織の取込みであることは、この会社も認めるところである。そして、ユダヤ系オピニオンリーダーによる世論形成力の利用に成功した契機こそ、ナチス犯罪とセルビア人犯罪を直接比較した「死の収容所」報道である。ナチスの「死の収容所」との比較が及ぼす影響の大きさを早くから認識した同社は、この報道を梃子に主要なユダヤ系組織と連絡を取り、セルビア人による「収容所」運営に対し公に抗議することを提案、ユダヤ系団体もそれを受け入れた。

その際、次の二点が意図された。第一は、いわばホロコーストの犠牲者民族であるユダヤ人を味方にすることで、ムスリムとクロアチア人が、現代における「ナチス的犯罪」の犠牲者であるという役回りに正当性を与えることができ、しかも、紛争の現場における事実関係を少しでも検証しようとする者を、新しい時代のナチスとしてレッテル貼りを行い、即座に口封じできるメリットがあった。第二の意図は、いわゆる「バルカンのアウシュヴィッツ」から目を逸らすことである。ボスニアは第二次世界大戦中、ナチスの傀儡国家「クロアチア独立国」の一部となり、クロアチア人の手により、セルビア人・ユダヤ人・ロマ人に対する抹殺政策が遂行された場所である。そのセルビア人政策は、「三分の一のセルビア人を殺害、三分の一をカトリックに改宗させクロアチア化し、三分の一を追放する」を目的としたが、その政策に、一部のムスリムも荷担していた。ヒトラーのSS武装集団を形成したムスリムもいる。その後五〇年も経ていない一九九〇年代初頭、当のユダヤ人が、かつての加害者としてのクロアチア人とムスリムを逆に擁護すれば、過去のジェノサイドに注目が集まらずにすみ、一種のみそぎ効果も期待できた。結局、ユダヤ人によるセルビア人批判が直接的な引き金となり、新しいナチスとしてのセルビア人像が世界中で定着した。

セルビア人が「現代のナチス」であれば、その過去を抱えるドイツにも内戦に介入する口実は十分にある。一九九二年八月一九日、当時のキンケル外相は「セルビア人侵略者の試みは、ジェノサイドである」と明確に定義し、翌週のロンドン会議で、セルビア人指導者を裁くための国際裁判所の設置およびセルビア人への経済制裁強化を迫り、アメリカに追随した。そのアメリカは、そのちょうど一週間前、ユーゴスラビアとイラクに関連する国際戦犯法廷の設置を提案し、その本来的目的をセルビア人指導者の処罰においた。その後一九九三年に創設された同法廷の諸起訴案件は、中期的にこの傾向が同法廷へと受け継がれたことを示している。それにより、アメリカ・ドイツなどの「国際社会」は、戦争当事者への一方的な荷担から、自ら戦争当事者となり全陣営の犠牲者を拡大させた。

2　行為主体の置換性

その紛争最大の犠牲者に仕立て上げられたムスリムの存在をめぐり、国際社会が生み出した神話の骨格は次のとおりである。ムスリムこそボスニア・ヘルツェゴビナの正当な所有者であり、ムスリムを中心とするボスニア政府は、西欧民主主義・多民族社会の実現を目標としているだけであるのに、野蛮なセルビア人侵略者の蛮行により、無実な犠牲者となった。ムスリムに対してのみ武器の禁輸撤廃を行うことで、ムスリムの軍事的劣勢は払拭でき、現代のナ

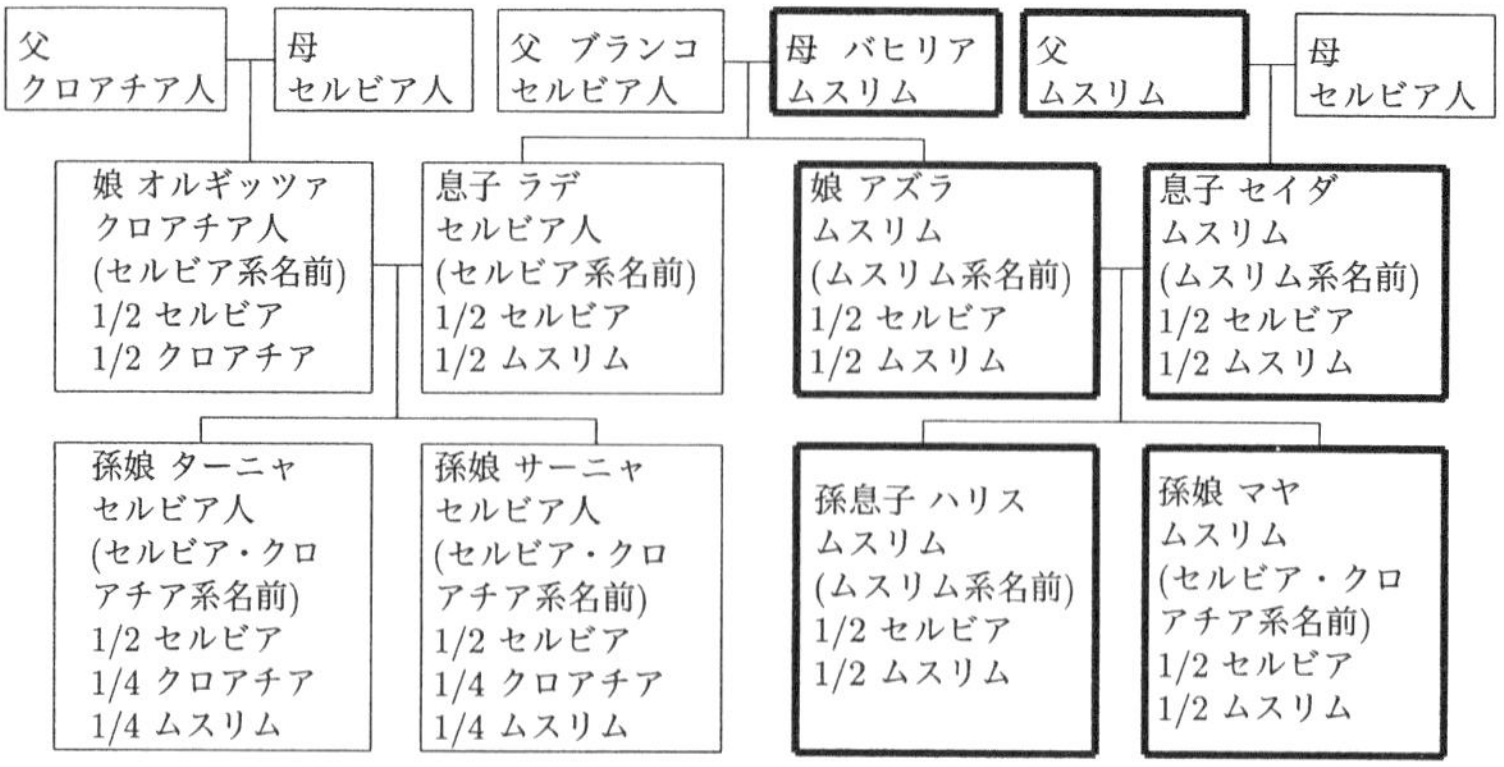

図4－1　家族の系図

筆者作成

チスを屈服させることができるというものである。

しかし、実際は「ムスリム」という所与のまとまった集団が存在するわけではなく、「民族」概念自体が曖昧なものであった。ボスニアでは、一家族の構成員が複数の民族に帰属しうる実態も例外的なものではない。家族内部においてさえ「民族」の境界は明確ではないのである。

ここで、ある家庭を実際に系図（兵役に就く世代を真中に、その両親と子供の世代を上下に据えている。分数の表示はナチスの人種理論等を想起させ、不適切な点もあるが、便宜的に親の世代を帰属民族への度合い「1」とした。本来、親の世代も各々多様な祖先をもち、実際ははるかに複雑である）で表現してみると、妻のオルギッツァは父親のクロアチア人アイデンティティを、ラデは父親のセルビア人アイデンティティを受け継ぎ、戦争を契機に離婚に至ったが、このような事例はボスニアの夫婦間で実際に多く見られた。夫婦間の軋轢を避けるため、自分たちを「ユーゴ人」と見なした夫婦もおり、戦争がエスカレートする中で家庭がぎくしゃくし第三国に亡命したケースも多い。ラデが「セルビア人」として戦争に参加すれば、「ムスリム」である実の妹や姪と甥、義理の弟を敵に回すことになる。その逆も事実であり、戦争が、民族意識のなかった人にまで帰属選択を強制し、それは家族の崩壊、文字どおり兄弟殺しを意味した。

ミクロなレベルと同様、マクロなレベルでも、一家族に加害者と犠牲者が発生しうる歴史的状況が存在する。旧ユーゴの領域においては、歴史上存在した国家が、国家構成民族の変更を行ってきた。例えば、第二次世界大戦中の「クロアチア独立国」では、クロアチア人がナチスを模倣した人種政策を国策として行い、生き残るためにカトリックに改宗しクロアチア化したセルビア人もいれば、強制収容所からクロアチア人家庭に引き取られ、クロアチア人として育ったセルビア人の子供もいた。これは、国家レベルにおける民族の入れ替えであり、自分の出自を知らぬまま、かつての隣人や親族に銃口を向けるケースが生じた。

3　「犠牲者」の重層性

また、このような民族間における加害者と犠牲者の置換性と並び、「犠牲者民族」内部の加害者と被害者の重層性にも言及しなければならない。「ムスリム」と自己規定する住民は、旧ユーゴの社会主義連邦共和国時代、ムスリムが政治的民族として承認されると増大した。しかし、より重要な点は、それまでの世俗的アイデンティティにかわり、イスラムへの帰属を中心に据えた宗教的アイデンティティを追求するムスリム勢力が影響力を増したことにある。その一人がボスニア初代大統領になるイゼトベゴヴィチであり、その「イスラム宣言」（一九七〇年）はパキスタンをモデルとしたボスニアのイスラム国家化を謳い、イスラムと非イスラムは相容れないとした。その彼がイスラム諸国による支援を背景として創設した「民主行動党（ＳＤＡ）」は、一貫して国際社会の支援を受けることになる。

強力なムスリム政党とその支配体制の出現は、ムスリム一般住民の生活にも大きな変化をもたらした。世俗化の進展したムスリムに対し、今や原理主義勢力からの圧力が高まり、単にディスクールの上で生産された人工的な自己規定と差異化が、新しい時代のムスリムにも強制されるようになる。その結果、ムスリム系住民によるアイデンティティ選択の幅も縮小した。同時に、ボスニアにおける多文化的象徴も、影を潜めることとなる。

こうして紛争当事者の図式的取り扱いは、加害者と犠牲者の歴史的置換性および同時代的重層性を考慮することなく、個別家族まで巻き込んだ社会の亀裂を決定的なものにした。そして、対立を利用しつつ権力を握った各民族の指導者たちは、紛争の中で支配を絶対的なものとした。

4 「比較」する視点

内戦終了後数年経ち、「指揮監督責任」で問われるケースは全勢力に及び、九・一一以降、イスラム原理主義者をめぐる風向きも国際的に変化した。当初の図式的な扱いを容易にした政治文化を国際的視点から省みれば、ナチスの過去のみを特別視する風潮こそ、ナチスの過去を道具化し、新しい暴力に道を開くものではないかと思われる。まさにナチスによる唯一無二の残虐性を主張する人が、ナチスとセルビア人を比較することで、ナチスの過去を道具化すること自体がパラドックスなのであり、過去を克服したはずのドイツ人が、自分たちのアイデンティティとナチス犯罪の一部をセルビア人に転嫁し、過去を相対的に克服した気分を得たことも、事実上罪の上塗りにしかならない。

こうして、実際の人道問題を超越する尺度とされる「ナチスの過去」は、現在の人道的惨劇をもたらした。またコインの裏側に存在する犠牲者としての「ユダヤ人」オピニオンリーダーは、自分たちの発言の正当性をかざしながら、一方の戦争当事者の旗持ちになり、今回の紛争において結果的に加害者になったことは否めない。被害者・加害者の置換性は、時間と空間を越え、かなり複合的な様相を呈している。ナチスの過去は決して無害化することがあってはならないが、現在の政治文化を見つめ直し、各地のジェノサイドや民族浄化も記憶にとどめ、比較する視点も兼ね備えれば、短絡的図式や二項対立的解釈にはまる危険も回避できるのではないか。

参考文献

清水明子「『クロアチア独立国』におけるセルビア人虐殺（一九四一－四二年）」松村高夫・矢野久編『大量虐殺の社会史』（ミネルヴァ書房、二〇〇七年、第三章）

同「クロアチア『祖国戦争』と『民族浄化』（一九九一－九五年）」、前掲書、第七章。

第5章　経路をめぐる紛争としてのアチェ紛争

西　芳実

インドネシアのアチェ州は、長年にわたる民族紛争の舞台として知られてきた。アチェ民族の独立を求める自由アチェ運動（GAM、以下GAM）とインドネシア政府との武力衝突は、権威主義体制として知られるスハルト政権が一九九八年に崩壊して以降、激化し、和平の試みにもかかわらず、二〇〇三年、インドネシア政府はアチェ州における軍事戒厳令の施行に踏み切った。

二〇〇四年スマトラ島沖地震津波では、震源地に最も近かったアチェ州は死者・行方不明者一六万人を超える未曾有の被害を受けた。このため、「史上最大の作戦」と呼ばれる大規模かつ国際的な支援の対象となったものの、紛争地における救援復興活動であるということから、様々な困難が指摘された。民族紛争の背景にはアチェ人の強固な民族意識があり、外部からの支援者は紛争に巻き込まれるのではないか、場合によっては新たな侵略者として攻撃の対象になるのではないかとの懸念もその一つであった。

1　民族意識が紛争を生むのか

紛争の原因としてアチェ人の強固な「民族」意識をあげる考え方に根拠がないわけではない。スマトラ島の北端に位置し、東南アジアの西の玄関口にあたるこの地には、一六世紀にアチェ王国が建国され、二〇世紀初頭にオランダ領東インドの一部に組み込まれるまで東西交易の結節点として繁栄してきた歴史がある。東南アジアで最も早くイスラム化した地域でもあり、住民のイスラム教信仰の強さは定評がある。

近現代史を通じて武力紛争が絶えない地域でもあった。一九七六年に始まるGAMによるアチェ独立運動以前にも、アチェ戦争（一八七三〜一九一二年）、インドネシア共和国独立戦争（一九四五〜一九五〇年）、ダルル・イスラム運動（一九五三〜一九六二年）というように、アチェでは武力紛争が繰り返されてきた。外来者がアチェに関わろうとするとこれを排除する動きが必ず起こり、武器を手に取ったアチェ人は勇猛果敢に闘い続け妥協しない、しかも、その基盤にはイスラム教の強い信仰心があるので交渉の余地がない——こうした見方は、アチェの植民地化に多大な犠牲を払ったオランダ植民地政府官僚にはじまり、現在のインドネシアの人々の頭の中に抜きがたくある。

アチェ王国の伝統、イスラム教信仰の強さ、武力紛争の歴史に加えて、GAMによるアチェ独立運動を住民の多くが支持しているとの理解もあった。一九九九年一一月のアチェ住民投票要求集会にはアチェ州の住民四〇〇万人のうち五〇万人が参加したと報じられた。一九九九年一二月には州内各地で自由アチェ運動によるアチェ独立記念式典が大々的に開催され、多数の住民が参加した。

では、紛争を終わらせるには、民族自決原則にしたがってアチェを単独の独立国とするか、あるいは、何らかの形でアチェの「民族」意識を封じ込め、住民に妥協を求めるしかないのだろうか。だが、和平の試みは何度となく頓挫してきた。

2　経路をめぐる紛争

ここで問い直したいのは、この紛争を民族意識にもとづく民族紛争と捉える考え方こそが、紛争を出口のないものにしているのではないかということだ。

暴力的・排他的で民族意識が強いというアチェ人像のもととなった過去の武力紛争を詳しくみると、アチェ人は外部世界との関係の維持に努めてきたのであり、暴力的で排他的な動きは、むしろ外部からもたらされていたことがわかる。

この地域の繁栄は、外部の様々な地域との交易関係によって支えられてきた。アチェ戦争は、アチェ王国の商人たちが米国、英国、トルコといった西方諸国や東南アジア在地の商人たちと結んでいた交易関係をオランダが一括して管理しようとしたことに対する対応と考えられる。ダルル・イスラム運動の背景には、インドネシア政府による貿易制度改革があった。アチェはマレーシアのペナンやシンガポールと直接、取引を行っていたが、新しい貿易制度では、アチェの港が国際交易港としての地位を失い、インドネシア域外との取引は隣接する北スマトラのメダンを経由しなければならなくなった。

アチェで起こる紛争は、アチェと外部世界との経路を独占しようとする勢力と、それに対抗しよる人々との間に起こっているとみることで理解できる。

3　スハルト政権崩壊直後のアチェ問題

住民の多くがGAMによるアチェ独立運動を支持しているとの理解も、再考の必要がある。

スハルト政権崩壊後、権威主義体制下で制限されていたメディアが自由化され、情報収集と意見表出の機会が拡大する中で、インドネシアのほかの地域と同様、アチェでも、旧スハルト政権への批判が相次いだ。アチェ固有の問題として指摘されたのは次の三点だった。すなわち、(1)アチェ州に付与されていた自治権がスハルト政権期に失われた問題、(2)スハルト政権期のインドネシア国軍によるアチェ住民に対する人権侵害問題、(3)インドネシアの主要な外貨獲得源の一つである天然ガスを産出するアチェ州の経済開発の遅れである。

ここで重要なのは、この時点では、これらの問題に誰がどのように取り組むべきかをめぐっては様々な方法が検討されていたことである。アチェの内外で学生団体、政党、宗教団体がアチェ問題解決の主体として名乗りをあげて提言を行ったが、提言の内容も、その実現方法も、国政改革をめざして選挙に訴えるもの、マスメディアを利用して啓蒙活動を行うもの、NGOを組織して直接的な実践活動に取り組むものといったように、それぞれ多様だった。

では、GAMによるアチェ民族の独立という提言がアチェの住民にとって唯一の解決方法であるような状況はどのようにして生まれたのだろうか。

4　「匿名の暴力」と武装勢力による住民の囲い込み

状況を変化させる契機となったのは、「匿名の暴力」の横行だ。一九九八年末からアチェでは実行者を特定できない「匿名の暴力」が増加した。国軍兵士や軍協力者に対する拉致殺害事件、総選挙投票所への放火事件が多発し、インドネシア政府は治安回復作戦を開始した。犯人はGAMの残党であるとするインドネシア政府に対し、GAMは、インドネシア国軍がアチェで活動領域を確保するために行ったと応酬した。実行者が特定されないまま、治安回復作戦の犠牲となる民間人の数が急増した。丸腰の群衆に対して治安当局が発砲し、人々が逃げまどい倒れる姿が現場に居合わせたテレビ・クルーによって録画され、全国に放映された。GAMとの関与を疑われたイスラム寄宿塾が軍の奇襲攻撃を受けて皆殺しにされる事件が起こり、集団埋葬された遺体の発掘風景は大々的に報道された。

治安が悪化する中で、人々は身の安全の確保を最優先課題とした。治安当局の姿勢は、治安当局による問答無用の暴力の存在を感じさせた。身近に人権団体も地方政府の出先機関もない地域の住民にとって、接する機会の多い治安部隊が自分たちの生活を脅かすものと見え、GAMが心強い庇護者に見えたとしてもおかしくない。一九九八年八月には、治安当局のパトロールを恐れて街道沿いのモスクなどに避難した域内避難民は二〇万人に達した。

こうした状況は、アチェの人々が外と繋がる経路を限定されていく過程でもあった。人々は、アチェ独立を主張するGAMとインドネシアの統合を主張するインドネシア国軍という二つの武装勢力に生活の多くを委ねざるをえなくなっていった。互いを住民生活の脅威であると非難して自らの存在を正当化する二つの武装勢力は、安全の確保を名目に、住民に対する囲い込みを行った。保護料や税金、通行料として住民から金銭を徴収するだけでなく、「アチェ民族の独立」か「インドネシアへの忠誠」のどちらかを選択したうえで、人、物、金、情報の一元的な管理を受け入れるよう住民に対し迫った。人々は、我が身の安全を図るために双方の求めに応じて金銭や便宜の供与を図らざるをえなかった。治安の悪化と紛争の激化を理由に二つの軍事勢力がアチェの人々と外部世界との繋がりに対する支配を強めていく過程であったともいえる。

5　求められる独占されない関係性

人々はこうした状況の中でも、国軍やGAMが関与できないような経路を探して外部世界と繋がろうとしてきた。武器を持たない民間人で構成されている社会という意味での「市民社会」がある時期からアチェで盛んに言われるようになったのも、国軍やGAMを排した領域を確保することで外部世界と独自の経路をつくろうとする試みと理解できる。

アチェ紛争は、アチェ人の強固な民族意識に起因する紛争ではない。アチェと外部世界との経路の囲い込みをはかる勢力による紛争であり、その水面下では、囲い込みから逃れて外部世界と関係を結ぼうとする住民の日々の営みがある。アチェ紛争を出口のない民族紛争とみなす考え方は、二つの軍事勢力による支配の強化につながるものだ。

紛争を繰り返す構造の解消をはかろうとするならば、これまでのアチェ経済が、大規模資本を必要とする天然ガス開発や、政府主導の建設事業、運輸・物流制度が大きな役割を果たす商品作物栽培といった、限られた特定の機関や人とつながることで利益が得られる性格をもった部門に支えられていたことに目を向けるべきではないだろうか。そのような構造であるからこそ、武力を用いてでも経路を独占し、それによって大きな利益を得ようとする試みが生まれているようにも見えるからだ。

このような紛争理解に立てば、スマトラ沖地震・津波後のアチェに対する外部からの救援復興活動には大きな意味があることがわかる。様々な機関や団体、人が、アチェでそれぞれの専門性に応じた救援復興活動を行うことは、アチェと外部世界との経路を多様化させ、武装勢力による囲い込みを無効にする契機となりうるものだ。[1]紛争とそれに続く自然災害によって、多くの人命と財産が失われたからこそ、一つ一つの支援の試みのなかで、経路を多様化し、人々に多様な選択を可能にする状況が生み出されることが強く求められている。

注

1　二〇〇五年八月、インドネシア政府とＧＡＭは、和平合意に至り、現在アチェでは災害からの復興と平和の定着をめざして様々な機関・団体が活動を続けている。和平合意の意義については、さしあたり参考文献（西芳実　二〇〇七）を参照。

参考文献

佐伯奈津子「人びとの平和の実現に向けて：北アチェ県女性の証言を中心に」高柳彰夫ほか編『私たちの平和をつくる：環境・開発・人権・ジェンダー』（法律文化社、二〇〇四年、二一七〜二四八頁）
西芳実「アチェ紛争：ポスト・スハルト体制下の分離主義的運動の発展」比較政治学会編『民族共存の条件』（比較政治学会年報三号、早稲田大学出版会、二〇〇一年、一〇三〜一二一頁）
同「外来者との繋がりが保障する自立性：アチェ近現代史をふりかえる」『JAMS News』（日本マレーシア研究会会報 第三一号、二〇〇五年、二二〜二七頁）

同「アチェ紛争の起源と展開：被災を契機とした紛争の非軍事化」『ODYSSEUS』（東京大学大学院総合文化研究科地域文化研究専攻紀要第十一号、二〇〇七年、五一〜六三頁）
Davies, Matthew N., 2006, *Indonesia's War over Aceh: Last stand on Mecca's Porch*, Routledge.
Reid, Anthony ed., 2006, *Verandah of Violence: The Background to the Aceh Problem*, Singapore University Press.

第6章　グアテマラにおける「歴史的記憶の回復」──憎悪の連鎖の切断へ向けて

狐崎　知己

1　はじめに

この数年、ジェノサイドやマス・キリングに関する国際的な比較研究に参加し、グアテマラにおけるジェノサイドの事例を報告するなかで、時代や地域、文化、紛争の様態などの相違を超えて、多くの事例の間に様々な共通点が存在することに気づかされてきた。ジェノサイド対象集団（絶対的な他者）の設定と殺戮の組織化・正当化の際のロジックとテクニック、暴力の残虐性と心理的効果、加害者と被害者の境界の揺らぎと置換性、ジェノサイドの隠蔽・否定、国際社会の役割と責任、真相究明と補償、歴史的記憶の継承などがジェノサイドの共通性と固有性を論ずる際の視点・基準となろう。以下、グアテマラにおけるジェノサイドについて、国際社会の黙殺、ジェノサイドの技法、アクターの置換性という三つの角度から考察を加える。

2　グアテマラにおけるジェノサイド

グアテマラは総人口一一〇〇万人のうち四〇%ないし六〇%をマヤ民族が占める多民族国家であり、著しい社会経済的格差が民族的に存在する。一九六〇年代に始まった政府軍と左翼ゲリラの武力紛争が、一九七〇年代後半になるとゲリラの浸透地域、もしくはその可能性があると見なされる地域に居住するマヤ民族への大量殺戮に変質していった。武力紛争自体は一九九六年一二月の和平協定の締結をもって終結した。

一九九九年に、主に国連が担った真相究明委員会の報告書一五巻が公刊された。調査の結果、六二六の村の壊滅、二〇万人を超える死者・行方不明者の存在、死者の九〇%が非戦闘員、八三%がマヤ民族という事実が解明され、加害責任の九三%が国家機関、三%がゲリラ組織に帰せられた。報告書では、国家・政府軍によってマヤ民族を対象にジェノサイドが実行されたことが認定されたが、報告書第三巻の以下の記述がとりわけ重要である。

「軍事作戦は、国防関連の諸機関による事前の完全な承認と参加・支援のうえで遂行された。陸軍及び空軍並びにその他の地域から動員された部隊が、非戦闘員を対象に暴力を行使していった。攻撃パターンはジェノサイドを特徴づけるものである。まず共同体の指導者を公の場で拷問のうえ殺害し、集団の抵抗力を奪った。絶滅・大量破壊作戦では、女性・子供・老人も対象に含まれ、拷問と集団的レイプの後に殺害が執行され、避難民の追撃が空爆を伴う形で行われ、集団メンバー間の社会的凝集性が根本から破壊された。さらに、集団の社会構造の再建のあらゆる可能性を打ち砕く試みが実行された」(CEH Tomo III. p.417)

3　国際社会の黙殺

殺戮の実態については、すでに一九七〇年代末の時点で人類学者や人権団体がメキシコに逃れてきたグアテマラ難民から採集した詳細な証言にもとづき、国際社会に向けて告発していた。一九八〇年一月には虐殺の実態を国内外に訴えるために、グアテマラ人農民や学生らが首都グアテマラ・シティにあるスペイン大使館を占拠するが、有無をいわさず軍事警察が突入した結果、大使を除く全員三八人が死亡するという事態が起こっている。このなかには、後にノーベル平和賞を受賞するリゴベルタ・メンチュウ女史の父親が含まれていた。また、一九八二年の時点で米国カトリック司教団やメキシコの司教がグアテマラにおける虐殺をジェノサイドとして非難している。この年だけで七万五〇〇〇人を超える非戦闘員が殺害されているが、何の歯止めもかけられることがなかった。

国連人権委員会は一九八〇年代前半を通じて、グアテマラ軍事政権に対する非難決議を繰り返し行い、一九八三年には国連差別防止・少数者保護小委員会が国際社会に対してグアテマラへの軍事援助やその他の支援を控えるよう要請している。だが、米国政府はＣＩＡを通じて一九九三年に至るまでグアテマラ軍を支援し続け、非戦闘員に対する大量殺戮は一九九〇年代に入っても止むことがなかった。ヨーロッパ諸国からも様々なルートで政府軍への軍事物資の供与が続いていた。なお、クリントン大統領は真相究明委員会の報告書の刊行直後グアテマラを訪れ、国民に向けて謝罪を行っている。

以上のように、グアテマラは国際社会から一〇年近くにわたって黙殺されたジェノサイド（Genocide beyond the headlines）の典型例といえるだろう。このような状況について、中米諸国で人権擁護活動に従事するイエズス会司祭は「国際社会の沈黙の壁が熱帯地域でのジェノサイドに聳え立つ」という表現を用いて非難している。当時、世界のメディアはニカラグアやエルサルバドル、アフガニスタンでの戦争を連日トップで報道していた。アナン事務総長が人道介入を求めた国連改革案は Oxfam の二〇〇三年レポート、Beyond the Headlines: An agenda for action to protect civilians in neglected countries の指摘への一つの回答ともいえる。黙殺され続ける虐殺をめぐる国際社会の役割と責任、記憶ならびに修復・和解へ向けた関与のあり方が問われ続けなければならない。

4　ジェノサイドの技法

武力紛争の多くは、当初の目的や予測とは大きく異なる非線形的な展開を示す。ルワンダや旧ユーゴの「エスニック紛争」における暴力の展開をみると、政治目的の武力行使とは異なり、ある時空間を闧領域として暴力の質量が極端に変化し、ジェノサイドに至っていることがわかる。グアテマラ内戦の展開を月単位の時間と自治体単位の空間に分け、犠牲者の人数と属性をそこに投影させて分析した場合においても、三六年間の紛争を通じて大半の時期や地域ではゲリラ戦争に特有のパターン（紛争の頻度と犠牲者数の低相関）が観察される一方、まったく異なった殺戮パターンが突然出現し、特定の時期かつ特定の地域で特定のエスニック集団を対象に大量殺戮が行われたことがわかる。政府軍およびゲリラ司令部ともに紛争初期にはこの種の暴力の発現をまったく予期も計画もしていなかった。ルワンダとグアテマラに共通するのは、外部から官僚的・組織的に企画されたジェノサイド戦略が各地域社会、コミュニティ・レベルに着地した際の、「非合理的」な歯止めなき暴力の発動であろう。

ジェノサイドを正当化し、敵意を煽り、大衆動員するイデオロギー、組織的官僚的な大量殺戮の手法は歴史的に国際的に「伝授・学習」されてきた。「殲滅すべき敵」という集団的カテゴリーの恣意的な設定、イデオロギーと歴史的文化的表象の動員による憎悪の扇動、選別的殺戮による抵抗の排除と心理的文化的恐怖の蔓延、分業体制による暴力の官僚的組織的な執行などは、ほとんど普遍的な現象に思われる。「恐怖のメカニズム」(歴史的記憶の回復委員会)は一般市民をジェノサイドに関与させるための、パッケージと呼びうる手法がグアテマラにおいても行使されたことを示している。米国、イスラエルから「伝授」されたパッケージには、情報機関による日常的監視と一般市民の関与誘導、心理作戦、強制的徴兵と自警団の編成を通した共犯関係の構築、拷問と強制的失踪の技術、犯罪者の利用、相互監視、残虐行為の競合と報酬、様々な戦利品獲得へのインセンティブなどが盛り込まれている。

グアテマラにおいて冷戦下のイデオロギー闘争がマヤ民族に対するジェノサイド戦略へ変質するうえで、国家安全保障ドクトリンと「国内敵」というロジックが果たした役割が決定的であった。紛争当初の「国際共産主義・武装ゲリラ」という敵の設定が、「叛逆者・国内敵」、次いで「潜在的脅威」という概念に変形され、誰がいかなる理由で敵に規定されるかがわからない状況がつくりだされた。「インディオ(先住民族)」が「潜在的脅威」としてジェノサイドのターゲットに選定された背景には、軍事戦略的な要因に加えて、グアテマラないし中南米全体に存在する歴史構造的な民族蔑視が影響している。ジェノサイドを生き延びた先住民族を「モデル村」という強制収容所に入れ、連日、「正しいグアテマラ国民」を育成するための洗脳教育が実施されてた。「インディオの脳みそにたまたま共産主義者のカセットが入ってしまったので、軍の言うことを聞く愛国主義者になるようカセットを入れ替えればいいのだ」という軍部の発想には、一九世紀後半以来の社会的ダーウィニズムと二〇世紀後半の新自由主義イデオロギーが混在した形で現れている。

現場から最も遠い場所で官僚的に立案されたジェノサイド戦略が地域社会に導入され、加害者と被害者が置換されながら、無差別的・自発的な暴力に発展してゆく(暴力の内旋：involution)ことを阻止・中断するには、この手法が伝授・移転される国際社会の仕組みを徹底的に解明する比較研究の進展が欠かせない。

5　負の連鎖(加害者・犠牲者の置換)の切断

グアテマラでは、三つの活動を組み合わせることで和解の可能性が追求されている。第一に徹底した真相究明活動、第二に司法的正義の追及、第三に補償である。

真相究明活動については、通常、以下の機能と効果が期待されている。

①時間軸に沿って過去の侵害を究明し、公的に認知(犠牲者の名誉回復と虐殺の要因・背景解明)

②犠牲者の精神的経済的救済・支援を目的に、ニーズに対応

③訴追のための根拠となりうる多くの証拠資料の蓄積により、正義と説明責任に貢献

④虐殺を引き起こした制度的責任・欠陥を暴きだし、再発防止へ向けた諸改革を勧告
⑤和解を推進し、過去をめぐる紛争の可能性を低減

グアテマラにおける真相究明活動の成果は期待以上であった。政府は、ジェノサイドという用語では認めないものの、大量虐殺が行われたという事実と責任を認め、国民に謝罪し、補償を開始している。政府・軍部としては失踪者は国外にいる、ゲリラに入って破壊活動を行っているなど、様々な言い逃れをしていたが、報告書の公刊で初めて犠牲者の名誉が回復され、虐殺の要因や責任がかなり明らかにされた。さらに、生き残った犠牲者の精神的・経済的な補償を行う法的根拠が規定された点も重要である。他国の真相究明委員会の報告書とは異なり、グアテマラではジェノサイドの認定に加えて、性暴力、種子の破壊（胎児・幼児の殺害）、文化の破壊などの集団的破壊行為が明記された点も評価できる。

法的裁きについては、和平協定と抱き合わせで発効した国民和解法によって政治的犯罪は免責されることとなったが、ジェノサイド・拷問・強制的失踪という国際法で規定された時効のない犯罪については例外とされ、法的正義の追求の可能性が残されている。現在、グアテマラ国内およびスペイン、米州人権裁判所などで最高責任者に対する裁判が人権団体の手で続けられており、米州人権裁判所はグアテマラ国家に対してジェノサイド犠牲者への賠償を命ずる判決を下している。マヤ民族の慣習法にもとづく地域ベースでの正義と和解の追及も試みられている。反面、法的正義の追求に対する反感も強く、とりわけ人権団体に対して苛酷で執拗な脅迫行為が止むことがない状態である。二〇〇五年六月には、軍事警察の秘密監獄から七千万件を超える捜査資料が発見され、現在、人権オンブズマン事務所のもとに保管されている。この解読が進むならば、ジェノサイドの責任の所在がいっそう判明し、重要な訴訟資料となろう。

補償については、帰還難民と国内避難民の再定住に関して、集団的経済補償プログラムがある程度進展している。また、二〇〇五年になって国家補償プログラムがようやく制定され、一三年間の予定でスタートした。だが、二〇万人を超える死者とその遺族に加えて、現在でも新たな犠牲者が続々と名乗り出ており、補償対象者は膨大な人数に達する見通しである。他方、補償委員会の予算と人員の絶対的な不足に加えて、犠牲者の認定、補償内容と手順に関する政治的社会的合意の形成が非常に難航しており、この一年間は補償委員会に対する不満と反感が募るばかりであった。

本書に共通する優先課題をグアテマラの事例から抽出するならば、ポストジェノサイド社会においては犠牲者の癒し・救済と同時に、被害者共同体としてのエスニック・アイデンティティの本質主義（還元主義）的な構築を抑止することが決定的に重要であるといえる。真相がかなりの程度究明されながらも、正義と補償は遅々として進まないという状況が、もとより厳しい貧困状況にある途上国社会で延々と続くならば、その不満と怒りの矛先が、被害者共同体の形成と戦略的本質主義（太田好信）による憎悪の動員という形に変質する危険性がある。「マヤ民族であるがゆえに虐殺の対象となった」というディスコースが、ジェノサイド首謀者への糾弾に加えて、スペイン植民地以来の五〇〇年間に及ぶ「白人」や「非先住民・非マヤ人」との共存を拒絶するという「マヤ本質主義」に容易に転換しうる。すでにその危険な兆候の一つとして、自警団（ＰＡＣ）の成員をめぐる被害者と加害者の置換現象が生じている。当初、ジェノサイド戦略のなかで強制的に自警団に徴用されたマヤ男性のうち、最も残虐であった人物らが地域の権力者となって虐殺を主導した末、紛争終結後の現在では被害者として国家補償を求める政治運動を率いている。その背後にはエリート間の政治的な権力闘争に加えて、自分自身の犯罪が明らかにされるローカルレベルでの真相究明と裁判の妨害、真の被害者への補償の妨害という軍部の思惑もみられる。

今回の報告者全員が、本質主義や国家安全保障ドクトリンにもとづく根本的な他者をつくりださないような政治社会制度を構築し、それを支える経済基盤を築くための提案や方向性を示している。ストーヴァーの社会再建の生態系モデルや多元的体系的戦略、イフタヘルのエスノクラシーからデモクラシーへの転換と多文化主義的な政治的場の設定、ブレイスウェイトの市民社会における濃密なアクター間のネットワーク形成、ツィンメラーの社会的ダーウィニズムにもとづく人種と空間の序列化の阻止、西氏の独占されない関係性といった提起は、いずれも具体的な事例の研究にもとづく方向性を一にする政策提案である。

参考文献

太田好信『人類学と脱植民地化』(岩波書店、二〇〇三年)

プリシラ・B・ヘイナー（阿部利洋訳)『語りえぬ真実 真実委員会の挑戦』(平凡社、二〇〇六年)

松村貴夫・矢野久編著『大量虐殺の社会史』(ミネルヴァ書房、二〇〇七年)

歴史的記憶の回復プロジェクト編(飯島みどり、狐崎知己、新川志保子訳)『グアテマラ虐殺の記憶』(岩波書店、二〇〇〇年)

Bookstein, Amelia, 2003, *Beyond the Headlines: An agenda for Action to Protect Civilians in Neglected Countries,* OXFAM

Calloni, Stella,1999, *Los años del lobo: Operación Cóndor,* Ediciones Continente.

CEH (Comisión para el Esclarecimiento Histórico),1999, *Guatemala Memoria del Silencio*, UNOPS.

De Brito, Alexandra Barahona, C. Gonzaléz-Enríquez and P. Agular, eds., 2001, *The Politics of Memory: Transitional Justice in Democratizing Societies,* Oxford University Press.

Delli Sante, Angela,1996, *Nightmare or Reality: Guatemala in the 1980s,* THELA.

Dinges, John, 2004, *The Condor Years*, The New Press.

Falla, Ricardo,1994, *Massacres in the Jungle: Ixcán, Guatemala,* 1975–1982, Westview Press.

Manz, Beatriz, 2004, *Paradise in Ashes: A Guatemalan Journey of Courage, Terror, and Hope,* California, University of California Press.

Power, Samantha, 2003, *"A Problem from Hell" America and the Age of Genocide,* Perennial.

Stover, Eric and H. M. Weinstein, 2004, *My Neighbor, My Enemy: Justice and Community in the Aftermath of Mass Atrocity*, Cambridge University Press.

Yftachel, Oren, 2006, Ethnocracy: Land and Identity Politics in Israel/Palestine, University of Pennsylvania Press.

第2部　平和構築の現場から導き出された経験知

◆平和構築の現場における試みと課題

城山　英明

第2部では、様々な地域の現場における多様な平和構築の試みについての経験から経験知と課題を抽出することを試みる。ここで扱われる地域は、イスラエル・パレスチナ、旧ユーゴスラビア、東ティモールに及ぶ。また、試みられる手法も、エスニック集団間の協働による共生空間創出の試み、集団的記憶構築の試み、被害者参加の試みなど多岐にわたる。第2部における著者は、平和構築の現場に携わっている実務家、あるいは実務にかかわっている研究者である。これらの著者たちによる現場の試みを素材として考察することを通して、現場の多様性について理解するとともに、現場における可能性を浮かび上がらせることをめざしている。

第一の手法は、エスニック集団間の協働による共生空間創出の試みである。第7章で、イフタヘルは、まず、イスラエルとパレスチナの紛争の原因として、「エスノクラシー」というイスラエルの体制そのものの性格を分析する。「エスノクラシー」とは、係争の的となっている土地・領域や権力構造に対して、エスニックな支配を貫徹しようとする体制である。これに対して、イフタヘルは、アラブ系住民とユダヤ系住民が協働することにより、エスニック紛争において強い影響力を持つゼロサム的思考を乗り越え、共生空間を構築することを試みてきた。また、被害者支援を行う「タアーイシュ」やベトウィンの権利擁護を行う「ネゲブ共生フォーラム」、イスラエル人・パレスチナ人の大学教員のネットワークであるイスラエル‐パレスチナ平和学部は、確かな変化を生じさせているという。

第二の手法は、集合的記憶構築の試みである。まず、真実委員会を用いた手法がある。第8章で、松野は、自らがアドバイザーとして継続的に関わった東ティモール受容真実和解委員会の活動を分析する。ここでの真実とは、人権侵害の事実だけではなく、紛争全体に関わる国際的国内的要因までも含むものとされており、委員会の活動目的は共通の歴史認識をつくり出すことをめざすかなり広範なものであった。約八〇〇〇人が自発的に陳述採取という手続きを通して証言したことの意味は、記憶を記録し、認知する上で大きかった。なお、東ティモール受容真実究明委員会は、真実探究とともに和解も目的としており、「コミュニティー和解プロセス」（加害者は罪を告白し、謝罪し、ある場合には一定の償いを行うことでコミュニティに復帰するプロセス）が実施された。ただし、重大犯罪は免責されるべきではないという正義の原則から、コミュニティ和解プロセスが対象としたのは、重大犯罪でない犯罪に限られた。

次に、国際刑事裁判も、集団記憶構築を支援する役割を持っている（国際刑事裁判に関する包括的な分析については、第3部を参照していただきたい）。第9章で、藤原は、国連旧ユーゴスラビア国際刑事裁判所検察部分析部門の現場経験に基づいて、国際刑事司法の役割を検討する。まず、旧ユーゴスラビアにおける証人からの聞き取り調査の際に、証人たちが国際刑事司法自体に強い猜疑心を持っていたという現場経験が語られる。その上で、国際刑事司法については、これまで矯正的司法（restributive justice）の文脈で語られることが多かったが、修復的司法（restorative justice）的な性格についても議論を深める必要があるとする。そして、国際刑事捜査や国際刑事司法が果たしうる役割として、紛争の最中に起きた事件に関する「説明（narrative）」があるのではないかとする。国際犯罪捜査において収集された証拠は多量であり、分析の質も高く、立証と反証という公判手続きをとおして透明性も確保されているので、事実の公的性格を担保し、集合的記憶につながっていくのではないか、というわけである。

第三の手法は、被害者参加の試みである。第10章では、マッケイは、新たに設立された国際刑事裁判所における被害者参加・賠償部の活動を分析する。国際刑事裁判所における被害者参加・賠償部の仕事というのは、従来のアドホックな国際刑事司法機関である旧ユーゴスラビア国際刑事裁判所や旧ルワンダ国際刑事裁判所には存在しなかった新たな試みである。国際刑事裁判所に対して距離感を持つ被害者と国際刑事司法機関の距離を縮め、被害者の思いを受け止める方策を講じることは、修復的司法の重要な要素である。

このように、平和構築の現場においては多様な手法が試みられており、多くの具体的工夫が試みられてきた。これらは、現場は困難であるが、過度に悲観的になるべきではないことを示唆している。しかし、同時に、多くの課題があることも事実である。例えば、東ティモール受容真実究明委員会においては、独立派内部の抗争による人権侵害の証言の収集は困難であった。また、重要な当事者であったインドネシアが欠落していたという問題もあった。また、国際刑事司法制度については、捜査の対象とする国際犯罪の取捨選択に関する検察当局の裁量が非常に大きい。一人の証人が同じ事件について何度も証言を聴取されると証言内容に少しずつ齟齬が生じるcontaminationという現象が生じる、といった実務的課題がある。さらに、被害者参加については、国際刑事裁判所が被害者にどのようにアクセスするのか（例えば、被害者との間にどのような仲介集団を設定するのか）、被害者とは誰か（例えば、問題となっている危害に対してどれくらい近接した関係にあったのか）、被害者はどのような形で訴訟手続きに参加するのか（例えば、被害者が自分たちの物語・身の上話を裁判所で語りたいと要望する場合に、裁判所はどのような態度をとるべきか）といった課題が出てくる。ただし、これらの課題は、乗り越えられない課題ではないであろう。

第7章　民主主義とエスノクラシーの間

――イスラエル／パレスチナにおける紛争と平和の政治地理学

オレン・イフタヘル（黒木英充・訳）

本章は、イスラエルの体制そのものがイスラエル／パレスチナ問題にどのような影響を及ぼしているかを明らかにするものである。

まずは、次の発言を引用して問題を提起したい。二〇〇二年二月にイスラエル大統領モシェ・カツァブが述べた言葉である。

「結局のところ一番問題なのは、啓蒙と価値観ということだ。イスラエルは強い倫理観のある民主主義をつくった。イスラエル人とパレスチナ人の間で現在流血の事態が進行しているが、その理由は、パレスチナ人の間で民主主義が欠如しているからである。彼らは我々と文化を同じくしない。人命を重んじないし、人権の観念が欠如している。パレスチナ人が真の民主主義を確立しない限り、平和はもたらされないと考えるしかない」

これは、イスラエル国内で実に広くゆきわたっている考え方である。イスラエル政府高官のすべてが同様な発言をしていると言ってよい。一方で占領を行いながら、自分たちとパレスチナ人とに異なるルールを適用し、さらにはパレスチナ人を殺戮しながら、しかも近年その苛烈さを増しながら、他方で自らを啓蒙的で平和志向だと描き出すような、そんなイスラエルの自画像というものを、私たちはまず第一に疑ってかかる必要がある。

第二に、ここからさらに一歩進めて次の事実も指摘しなければならない。イスラエルそのものに民主主義が欠如していて、それがこの紛争をいっそう深刻なものにしているのである。国際社会はイスラエルの民主主義をしばしば自明のものと見なすが、深く掘り下げてみれば、私が「エスノクラシー」と名付けるところの統治システムが機能しているのが見えてくる。「エスノクラシー」は、表面的には民主主義の装いを見せながら、実はきわめて抑圧的なシステムである。これがシオニストとパレスチナ人との間の紛争を長引かせる原因となっている。アラブ側の非妥協的な態度も含めて、紛争を激化させる要素は他にもあるものの、最も重要なのはこのイスラエルの体制そのものなのである。

これが本章のポイントである。過去二〇年間、私はこの困難に満ちた地域の研究を続けてきたが、この知見はそれに基づいた理論的考察と私自身の経験的知識を総合して導き出されたものである。

1　紛争の原因としてのエスノクラシー

本章の前半ではこの枠組みについて議論を深めたい。この分析枠組みを適用することにより、この紛争を理解するための新たな洞察が得られると思われる。また後半では、私自身がつくったり参加したりした組織が、この状況に向き合い、現存するあらゆる問題を乗り越えて平和を構築しようとしている、その実例を紹介したい。

本章の表題は「民主主義とエスノクラシーの間――イスラエル／パレスチナにおける紛争と平和の政治地理学」であるが、この「エスノクラシー」について説明をしよう。

理論的・概念的な物言いをすれば、エスノクラシーの政策とは、通常、係争の的となっている土地・領域や権力構造に対して、エスニックな支配を貫徹しようとする政府が採用するものである。

この政策は短期的には有効に見えるかもしれない。政府は強圧的な支配を及ぼすので、マイノリティや反対派は一定期間、沈黙を強いられる。しかし長期的には構造的な条件が悪化することで、紛争が長期化する結果となる。スリランカ、セルビア、スーダン、ラトビア、北アイルランドなど様々な社会でこの状況が存在してきた。もちろん、それぞれの場合に独自の動態と固有性が見出されるが、いずれにしても、この政策は短期的には成功するものの、構造的な条件を悪化させていつまでも紛争を長引かせ、危機的状況が続く、ということに留意しておく必要がある。

次に指摘すべきは、イスラエルのエスノクラシー的な本質こそが、シオニストとパレスチナ人の紛争の主な原因だということである。これには二つの主な側面がある。すなわち、エスニック集団の拡張主義と階層化である。この二側面があいまって、不均衡を拡大しながら同時に新たな格差をつくりだすというシステムをなしているのだ。

そのシステムの中で、土地と空間を支配し制御することは、体制の根本的な基盤であり続けてきた。エスノクラシー体制には他にも様々な基盤があるが、私は、土地と空間の開発計画政策に注目したいと考える。とりわけイスラエル／パレスチナ問題においては、これが決定的に重要な意味を持っているからである。

こうした文脈の中で抵抗（レジスタンス）と平和構築の問題を考えてみると、自ずと明らかになるのは、次の事実である。エスノクラシー体制には常に亀裂が存在していて、それゆえに本来的に不安定であり、さらに表面的には民主主義を装っているために、そこには常に抵抗（レジスタンス）が生じる余地がある。いろいろと困難な事態に直面し、紛争を前にして緊張し、障害も多く抱えるものの、それでもこのエスノクラシーのシステムは、忍び寄るアパルトヘイトの危機を何とか避けようとしている。また、システムの一部を選択的に被抑圧者の側に開放しながら、こういったいくつかの亀裂をさらに利用し活用するような組織を内部に抱えて、常に不安定なまま存立を維持しようとするのである。

こうした点をふまえたうえで、エスノクラシーを民主主義（デモクラシー）につくりかえること、そしてイスラエルとパレスチナの間で二国間関係を形成して、多文化的な政治環境を整備することが、両者間の和平と共存にとって不可欠なのである。

2　エスノクラシーとは何か

さて、ここでそもそもエスノクラシーとは何なのかという問題に立ち戻って考えてみよう。詳細にわたる説明は、私がこれまでに著してきた書物や論文、それからインターネット上の私のホームページにおける記述にゆずるとして、ごくかいつまんで要約すれば次のようなものである。表面的には民主主義を装いながらも、その下では優勢なエスニック・グループが国家システムそのものと諸々の装置を自らに都合の良いように利用する体制である。つまり形式的に合法的にであれ、または形式的手続きを後回しにして現実を先行させるやり方であれ、いずれにしても自分たちの集団が結果的に拡大するような体制、また他の集団をその下に組み込むような階層化を進める体制、そしてその両方を同時に進めるような体制である。

エスノクラシーの下では、権力資源の配分はその社会の市民であることを条件になされるのではなく、エスニシティや時には帰属する宗教共同体によって決定される。ここで重要なのは「デモス demos」の概念、すなわち特定の境界線をもって区切られた領域内においては、そこに住む人々が平等な市民として共同体を形成するという民主主義の基本が、深く切り崩されるということである。国家が拡張主義的政策をとること、在外離散民（ディアスポラ）が内政に強い影響力を及ぼすこと、少数派を無力で周辺的な位置に追い込み、そこに固定すること、これらがすべて「デモス」の概念を切り崩すのだ。

エスノクラシーにおいては、政治はエスニック・グループ単位で組織され、他を隔離するようになり、さらには在外離散民（ディアスポラ）に左右されるようになる。隔離（セグリゲーション）は、エスノクラシーの社会の大きな特徴である。社会システムの上層部分から、集団間での顕著な隔離が見られる。ある集団が拡大するためには、必然的に他の少数集団を隔離する必要があるのだ。ある政治的な領域内部で多様な集団が相互に混じり合って存在しているとすると、優越する集団がさらに拡大した時の利益をその優越集団の成員に約束することが困難になるし、そもそも拡大の利益をつくりだすこと自体が難しくなるのである。したがって優越集団は、自らは拡大しながら、同時に他の少数集団を隔離していかなければならない。在外離散民（ディアスポラ）は、市民たることよりもエスニシティが上位に位置づけられる過程の中で大きな影響力を及ぼしている。

また、すでに述べたことだがとくに重要なので改めて指摘したいのは、エスノクラシーの社会に広く見られ、特徴の一つとなっている長期的な不安定性である。一般に優越集団の拡大は抵抗を増大させる。世界各地であまりに広く観察されるように、より激しい抑圧が行われるにつれ、より抵抗が激化するという、エスカレーションのサイクルが成立するのである。

私の理論では、エスノクラシーの体制は六本の柱から成り立っている。第一の柱は、人口動態である。これは市民権、移民、出生率といった問題を包括する。第二は、領域（テリトリー）の問題で、これは後に焦点をしぼって説明したい。第三は、暴力的権力の生成、すなわち誰が実質的な力を持っているか、誰が軍や警察を支配しているのかということである。第四は、憲法と法律。第五は、私が資本のエスニックな論理と呼ぶところのエスニックな階層分化。第六は、公共領域の生成、文化や宗教の形成である。

これら六本柱のすべてがあいまって「ヘゲモニー」（覇権）の状況をつくりだす。ある特定の社会の中で、ある優勢なエスニック・グループの拡大が当然と見なされるような状況、それこそが「真理」と見なされる状況である。これに異を唱えるのは実に困難なのである。例えばイスラエルでは、「帰還法」、すなわち世界中すべてのユダヤ人にイスラエルの市民権を自動的に与える一方、パレスチナ人難民の帰還は拒否するという法律があるが、これに反対の声をあげるのは困難を極める。これは公の場で議論しても決して疑問を呈することのできない真理なのであり、もし異を唱えれば沈黙かもしくは嘲笑をもって迎えられるしかないのだ。

同様に、イスラエル軍がユダヤ軍であるということが至極当然だと見なされている。イスラエル国家の憲法にも特定のエスニックなバイアスが見出されるが、それは当たり前だと考えられており、これに反対するのは非常に困難である。しかし、ここにこのエスノクラシーのシステムのひび割れがある。後述するが、法というものには他の論理が介在しているからである。

また、開発と階級分化の問題も、ごく当然の過程の結果だと見なされる。たとえ国家が資本の流れをエスニックなバイアスに基づいて、特定の場所、特定の職種・資格に誘導しても、これは自由市場における自然な過程の結果だと見なされるのである。しかしそこには、非常に強い覇権的な力が作用している。イスラエル／パレスチナの公共領域における文化の問題も、一義的にユダヤ・ヘブライ的なものとされ、アラブ・パレスチナ的なものとは見なされないのである。

領域（テリトリー）についてもう少し詳しく見てみよう。領域がどのようにしてエスニックな性格を付与されるかという問題は、エスノクラシーのシステムにおいて肝心要《かなめ》の位置を占めている。例えばセルビアやスリランカのような例を思い浮かべれば、領域そのものが国家の主要な政策目標をなしていることがわかる。

領域設定には、いくつかのメカニズムが組み合わさっていることに注意されたい。強制力、土地、政策、法。これらメカニズムの組み合わせを策定して、入植地やインフラ、開発政策や土地利用の場所取りをすることになる。開発の文化なるものの総体は、ある特定の領域を特定の価値観や神聖性でもって染め上げるとともに、他の価値観をおとしめる結果を生んでいるが、これは非常に深刻な問題である。政治、公的な言論、メディア、芸術、土地と領域に関する文化の総体、境界線を強制的に設定することを通じて、このことがなされる。

これらすべてがあいまって、特定のエスニックグループが他のエスニックグループに対して領域設定を主張せしめるのである。もちろん、これに対抗する動きもある。劣位の集団が動員をかけて抵抗運動を展開したり、エスニックグループ間の暴力に発展したり、民主主義や人権の言論や多文化主義の言説をもって対抗したり、様々なやり方でエスノクラシーが進める政策に反対している。つまり段階的に多様な緊張の状況が見られ、これを通じて歴史や地理が形作られるのである。

3　イスラエルの領域の拡張

イスラエル／パレスチナに再度目を向けてみよう。ここには問題性豊かで多様な、そして複雑な歴史を形作るためのいくつかの逸話というべきものを見出すことができる。それらが、イスラエル／パレスチナにエスノクラシーの空間を創出するメルクマールとでもいうべきものなのである。すなわちユダヤ化の過程、ユダヤ人による支配の拡大と／または深化の過程である。

まず押さえておかねばならないのは、イスラエルはローマ帝国ではないということである。六〇〇万人のユダヤ人が殺害されたホロコーストはおそらく史上最悪のエスニックな惨事であろうが、主として、これを経て生まれたユダヤ人難民によってつくられたのがイスラエルである。もちろんシオニズムの運動がホロコーストよりも前から始まっていたのだが、ホロコーストがユダヤ人に行き場を失わせたことによってシオニズムに大きな刺激を与えたことは確かである。つまり、ユダヤ人のパレスチナ入植はホロコースト以前から開始されていたが、それを機に大量入植が一気に進んだのである。

一九四七年から一九四九年にかけては国連がパレスチナ分割を試みた時期だったが、ほとんどの分割の事例のように、これも失敗に終わった。この間に生じたパレスチナ人が「ナクバ」（大惨事、破局）と呼ぶところの戦争は、パレスチナ人の三分の二を難民にしてしまった。その大半は今日も難民状態にあり、これまでに歴史的な郷土の四分の三を失ってしまった。イスラエルは国家成立を宣言したが、パレスチナ人には（国連分割案では将来の国家を約束されていたものの）国家が与えられなかった。実際には、アラブ側管理地区とされた部分はヨルダンとエジプトによって占領されたのだった。

一九六七年の戦争の結果、イスラエルはパレスチナの全体を占領したが、それまで自らの国家領域内で進めていたユダヤ化計画を、この時から占領地にも適用し始め、一九九三年のオスロ合意まで一貫してこの計画を推進した。本来、オスロ合意は平和の時代が到来したと告知するべきものだったが、実際のところ、その逆のことをしてしまった。現実にはイスラエルは平和の仮面をかぶりつつ占領地への入植を進め、イスラエルとパレスチナの二国家案に基づく平和をおよそ不可能にしたのである。オスロ合意以降、イスラエルは東エルサレムを含めた占領地での入植者数を二〇万人から四〇万人に倍増させた。

この事実が広く知られるようになるまで、七年もの年月がかかった。これが意図的に操作された結果かどうか、というのはまた別の問題である。もちろんこの間に、オスロ合意を推進したラビン首相が暗殺され、右翼勢力がイスラエルの実権を握るという大きな変化はあった。しかし、たとえそのことを考慮しても、オスロ合意という見せかけの平和の裏で、パレスチナ人の状況ははっきりと悪化したのだった。それはイスラエルの入植の進展だけでなく、境界線の封鎖や経済制裁という形でもパレスチナ人をむしばんだのであり、その結果多くのパレスチナ人の経済状況が極度に悪化し、イスラム原理主義が隆盛することになったのである。

二〇〇五年、イスラエルが占領地からの一部撤退計画を発表したのは従来の政策の大きな変化ではあるが、ここでも十分注意して事態を見極めねばならない。確かに本年（二〇〇五年）、イスラエルはガザの二〇の入植地と（これは歴史的な先例となるはずの）ヨルダン川西岸地区の若干数の入植地から撤退することになっているが、これはイスラエルによって進められる他の政策とセットになっているのである。その政策とは、ハーグの国際司法裁判所によって違法とされている西岸地区全域にわたる隔離壁の建設や、他ならぬ西岸地区における大規模な入植地の拡大などである。

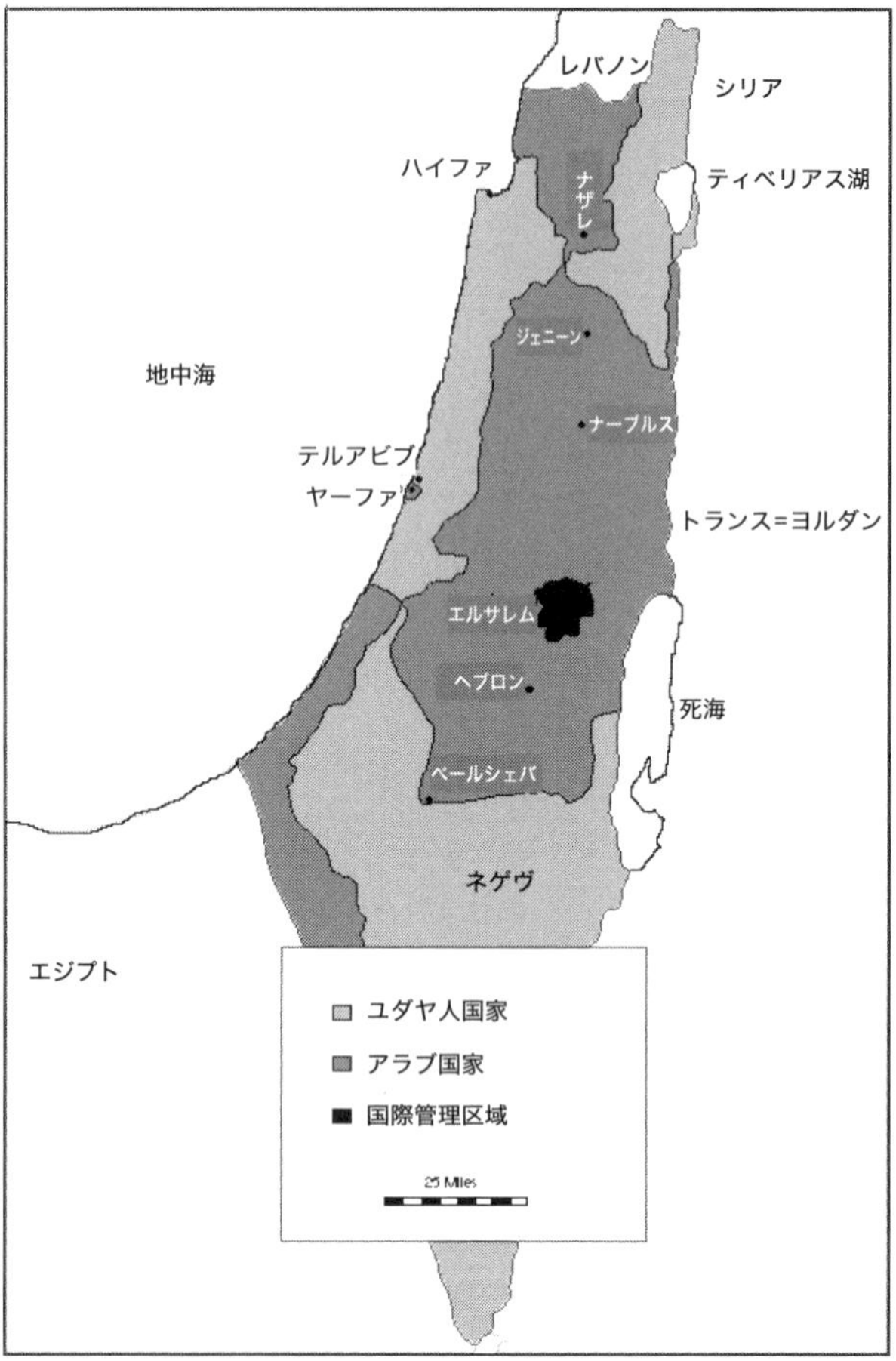

図 7-1　国連総会による分割案

ここで地図を見てみよう。**図7-1**は最初の国連による分割案の地図だが、ここでイスラエル／パレスチナは、多かれ少なかれユダヤ人とアラブの間である程度平等に分けられるはずだった。この図の時点からさらに加えてユダヤ人側は小規模な土地を分けられたが、それは沙漠地域のものだった。それでは何が実際に起こったのだろうか。地理学研究者は当然ながら地図や空間を相手にするという利点があり、別の言い方をすれば、地上で発生した物質的な現実を忠実に仕事に反映させる責務を負っているのである。

図7-2はイスラエル／パレ

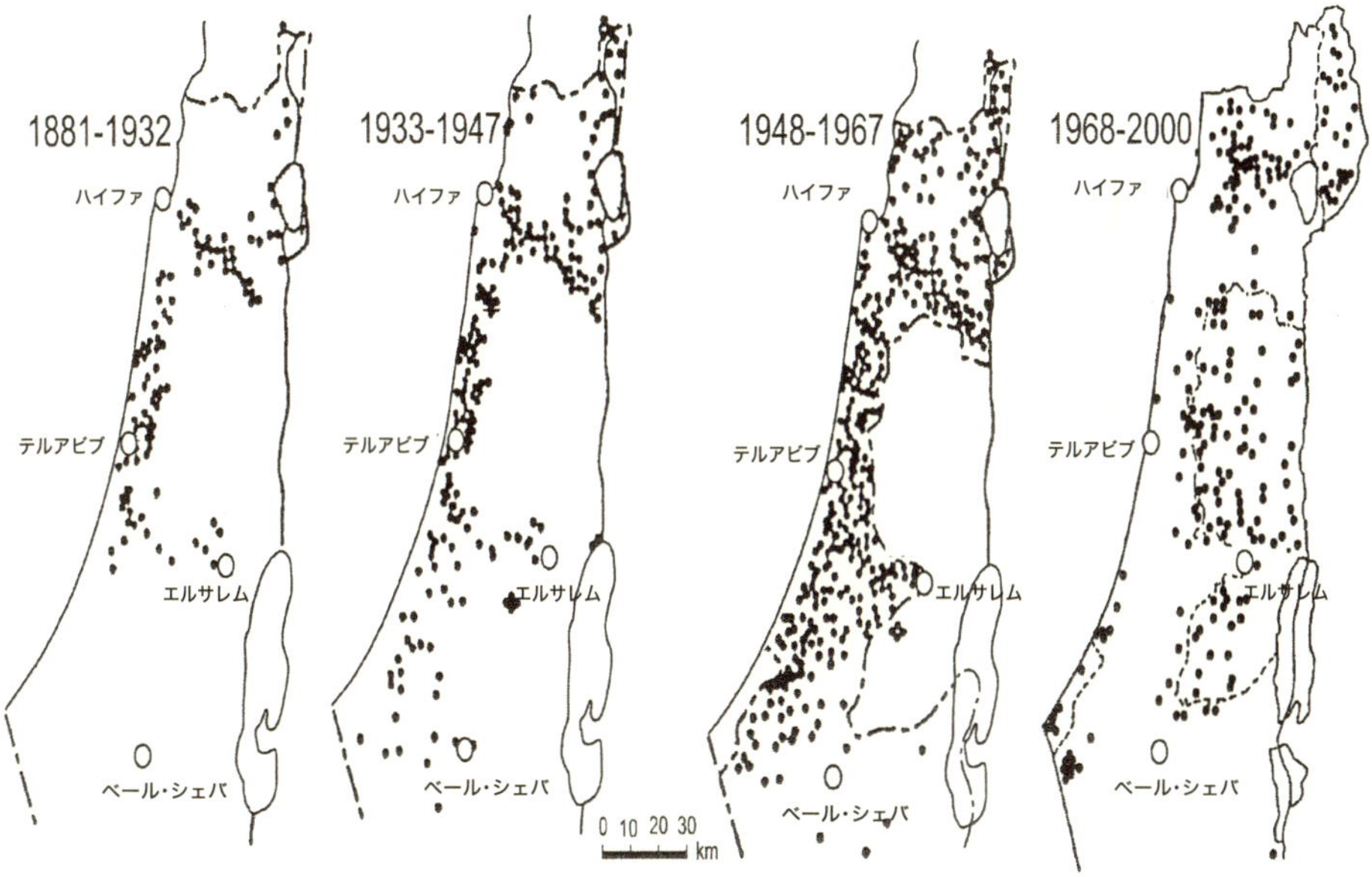

オレン・イフタヘル作成

図7–2　イスラエル／パレスチナにおけるユダヤ人新規の入植地の所在

スチナでユダヤ人の入植が、どのように進んだかを四段階に分けて示したものである。二〇〇〇年段階の状況を知ろうと思えば、この四枚の地図を重ね合わせてみることだ。パレスチナのもう一つの歴史、パレスチナのユダヤ化の歴史が一目瞭然となろう。

一九四八年以降建設されたユダヤ人入植地が、今日一〇〇〇以上もあることがわかる。この間、アラブの入植地は一つもつくられず、そのかわりにベドウィンの集中居住地域がいくつか設定され、四〇〇以上のパレスチナ人の村が破壊された。ユダヤ人の拡大、パレスチナ人の縮小が明白である。

イスラエル／パレスチナの全体で、パレスチナ人人口は四七%でありながら所有する土地は一四%にすぎない。すなわちイスラエルはユダヤ人の根深い空間支配システムを確立してきたということなのだ。このことに関する法的・制度的な問題を議論するのは容易でなく、パレスチナ人にとっては抵抗するのが困難になっているのである。

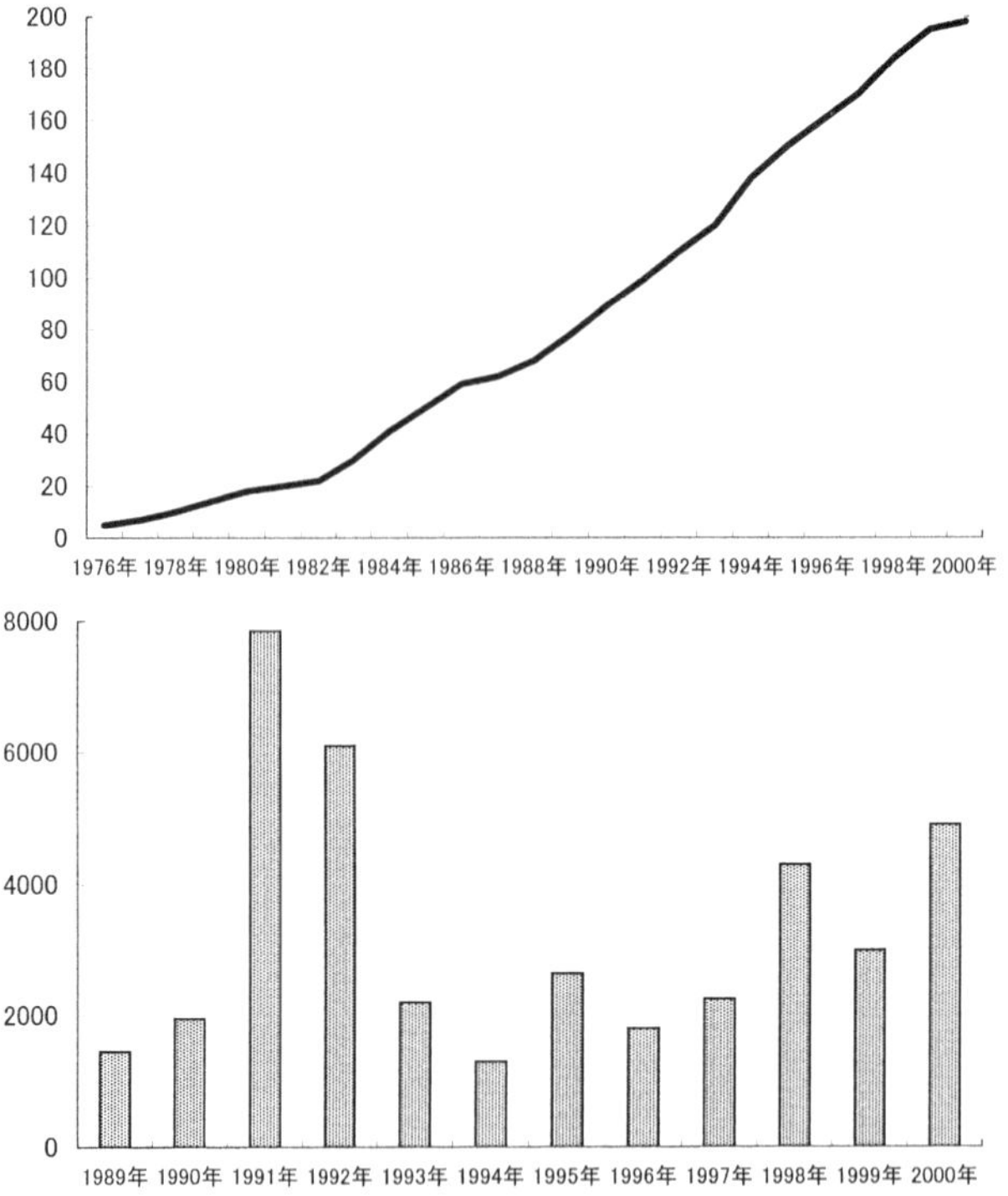

図 7-3　ヨルダン川西岸地区におけるユダヤ人入植者と入植地の増加

二〇〇〇年以降、イスラエルは一〇〇以上の入植地をつくってきた。これらは「前哨駐屯地」と呼ばれているが、これについては最近二週間の間に非常に皮肉な事態が生じている。シャロン首相(当時)は、自らが建設を命令したこれら入植地について調査をするよう命じた。

この調査報告を取りまとめた裁判官タルヤ・サッソンは、これらの入植地がすべて違法であるとしたのである。つまり入植地が解体される可能性が出てきたのだが、これが実施されるかどうかはいずれ明らかになるだろう。これまでのところ一つも解体されていない。いずれもきわめて小規模で、五から一〇家族程度のものだが、これらの入植地が持つ領域的な意味は大きく、これらの入植地の存在がパレスチナ国家成立の可能性を阻んでいるのである。

写真 7-1　分離壁

図7－3は、ヨルダン川西岸地区におけるユダヤ人入植地の拡大を示すものである。いずれも毎年入植地と入植者人口が増加していることがわかる。一貫した増加傾向を示しているが、二〇〇〇年にその傾向が強まっていることも見て取れる。今や四五万人のユダヤ人がグリーンラインを越えて居住しており、うち四〇万人が西岸地区に住んでいる。これらイスラエル主権領域外にある入植地こそが、和平への主な障害になっているのである。

パレスチナ領域への拡大という動きはイスラエル国家の存立基盤そのものをなすが、これこそが和平を阻んでいる。これは今後も長い間深刻な影響を及ぼし続ける。

写真7－1は、国際司法裁判所が違法と認定した分離壁である。イスラエルはこの分離壁を解体し、土地没収に関わる補償をするよう命じられている。分離壁はエルサレムの周囲にめぐらされ、

北部を中心にすでに建設されているが、他の地域における分離壁は二〇〇三年に建設場所が決定されたが、国際司法裁判所の判定を受けて二〇〇五年二月に若干変更された。

この新しい分離壁ルートは「より良い」ように見えるが、それでも西岸地区の九％をイスラエルに組み込み、その結果パレスチナのわずか四分の一しかパレスチナ人に残されないことになる。特に注目されるのはエルサレム近郊のマアレ・アドゥミーム地区で、二〇〇五年三月、イスラエル政府はここに三五〇〇戸の新たな住宅を建設すると発表した。またアリエル、ケドゥミームといった食い込む形の地区の存在が、持続的なパレスチナ国家の成立をほとんど不可能にしている。パレスチナ人をこれらの地区から沙漠の方に追いやるような、こうしたイスラエルの一方的行為が、平和を阻害しているのである。

確かに分離壁は、イスラエルの諸都市に対して向けられるパレスチナ人のテロリズムへの対抗としてつくられたものだ。しかしパレスチナ人のテロリズムはイスラエルの現在進行中の占領と入植に対抗したものであり、敵対的な循環をなしている。暴力はこうして対立する双方からなされるわけだが、それは非対称的である。イスラエルははるかに強大な力を持ち、その圧倒的現実をパレスチナ人に押しつけるのである。

分離壁は単なるフェンスではない。高さ七から八メートルの壁が都市の中を切り裂くわけで、強圧的で、それまで存在してきた都市の一体性を死に至らしめるようなものである。これは現在も延び続けている。

これまでの分析から次のことが明らかになるだろう。イスラエルとパレスチナの問題を考えるに当たって、土地の問題がいかに重要かということである。法的・制度的な枠組みをつくりだしながら、土地は一貫してアラブ側からユダヤ側に流れる仕組みになっている。そこでは実際の土地の動きを詳細に見なければ、この問題がもたらす意味を理解することができないのだ。

さらに、在外ユダヤ人によるユダヤ民族基金もイスラエルの土地売買に関わっているが、アラブ側が土地を利用することを実質的に禁じている。イスラエル国籍を持つパレスチナ系市民は、イスラエルの八〇％の領域において土地を借りたり買ったりすることを禁じられている。イスラエル国家内と占領地においては、このような制度が押しつけられている。土地をユダヤ化していく法と制度がイスラエル土地協議会でつくられているが、これも在外ユダヤ人によって動かされている。

イスラエル国家の人口の一七％はアラブ系（パレスチナ系）市民である。だが、そうしたイスラエル国家内で私が呼ぶところの「しのびよるアパルトヘイト」が進行している。平等であるべき市民がエスニシティと居住地域によって分離されて階層化するのである。エスニシティと居住地区の組み合わせは、イスラエル体制内のどこにその人がいるのかを規定する。法的に認められた少なくとも一〇の市民権の階級があり、それがその人の社会的移動性や社会参加のあり方、政治的権利や経済状況を決定するのである。エスノクラシーの空間システムは、特定の少数派や少数派をまとめたより大きな集団を、周辺的で劣位の位置に追い込んでいく。これは長く紛争を続けさせるための処方箋のようなものである。

4　エスノクラシーに対抗して

私はこれまでにこのエスノクラシーに対抗するために様々な活動をしてきた。市民運動、（イスラエルとパレスチナの平等な）二国家運動、平和と公正を求める運動などであるが、いずれもエスノクラシーの政治的・法的システムの欠陥を突き、別の考え方や可能性を追求してきた。そこでは、政治には数の論理が、法の領域では平等の論理があるということが、大きな力になっている。

ここで、私自身も関わってきたユダヤ人とアラブの共生を目標とした運動組織三つを紹介したい。第一は「タアーイシュ」(アラビア語での共生)という行動派の運動で、デモを行ったり、被害を受けた人々に即時の支援を与える組織である。第二は「ネゲブ共生フォーラム」で、ベドウィンの権利擁護を主にして、計画立案や法廷支援をするものである。第三はＦＦＩＰＰ(イスラエル・パレスチナ平和学部)という、イスラエル人・パレスチナ人の大学教員の国際的ネットワークで、学術的な大学間の運動を目指すものである。

写真７‐２は分離壁に反対する「分離壁を崩せ」運動のデモ、**写真７‐３**は家屋破壊に反対する運動、**写真７‐４**は南へブロン山地におけるベドウィン支援、**写真７‐５**は農作物を奪われ住宅を入植者に荒らされたパレスチナ人を支援するものである。これらは長年にわたる苦労を重ねて、多くのケースで確かな変化を生じさせている。

特に共生空間をつくりだす考え方が重要である。アラブ系住民とユダヤ系住民が協働することによりゼロサム的な考え方を低減させたり、拒否させるに至ったりしている。このゼロサム的思考、すなわち自分の得たものは相手が失ったもの、自分が失ったものは相手が得たもの、という思考法は、エスニック紛争において強い影響力を持つものであるが、これを複数のエスニックグループの協働によって乗り越えられたのは大きな成果だった。

最後に詩を紹介したい。時に一人の詩人は千人の教授、百万人の政治家に匹敵する力を持つことがある。偉大な二人の詩人マフムード・ダルウィーシュとイェフーダ・アミチャイは、この土地に関わる人々の思いを代弁し、この問題が和解によって解決されねばならないことを教えてくれる。

マフムード・ダルウィーシュのアラビア語の詩「パレスチナの傷の日記」は、次のようなものである。

写真 7-2　分離壁反対デモの様子

写真 7-3　家屋破壊に反対する運動

写真 7-4　南ヘブロン山地におけるベドウィン支援

写真 7-5　パレスチナ人の支援の様子

ああ、私の癒えぬ傷よ
私の故郷はスーツケースではない
そして私は旅行者ではない
私は愛する者だ、私の故郷は私が愛するものだ

これは故郷を追われた者の故郷の土地に対する愛情を表現したもので、この感情はパレスチナ人に対して安定した故郷が保証されねばならないと改めて思わせる。難民であることは、実際の故郷がスーツケースでしかないという重い現実があるのだ。
最近亡くなったイエフーダ・アミチャイは、場所と故郷について別の語りをしている。

我らが正義を感じて生きる場所では
春に何の花も咲かない
我らが正義を感じて生きる場所は、固く踏みつけられた囲い庭のようだ
でも愛と疑いはその場所を鋤のように、モグラのように土にする
そして、壊された家がかつて建っていたところで囁きが聞こえてくるだろう

ここで詩人が言おうとしているのは、絶対的で強い決意を込めて極端な意見を持つのではなく、疑いと愛を持って、

その土地を鋤のようにモグラのように柔らかくすれば、叫びや怒鳴り声でなく囁き声が、かつて家が建っていて取り壊されたところで聞こえてくるというものである。過去とトラウマ、そして現在を未来に投射しているのである。

この人間的感覚には無限の可能性がある。この感覚さえ持っていれば、争われている土地と場所について、様々な代替案を考え出すことができるだろう。平和のために必要なのは、この人間的感覚なのだ。

第８章　平和構築における真実探求——紛争後の東ティモールの事例から

松野　明久

１　はじめに

紛争後や抑圧体制の終焉後、過去の人権侵害にどう対応したらいいかという問題領域では、真実和解委員会という手法がよく知られている。この種の委員会で国際的に知られているのは、アルゼンチンの「人の失踪に関する国家委員会（ＣＯＮＡＤＥＰ）」（一九八三年設置）や南アフリカの「真実和解委員会」（一九九五年）であろう。アルゼンチンの委員会は何といってもその簡潔な報告書がベストセラーとなるほどの人気を博したことで知られ、南アフリカの委員会は空前の規模で調査を行ったことと真実の告白と引き換えに恩赦を与えるという前例のない手法によって、この種の委員会の代表選手となった。

地域的には、真実和解委員会はアフリカとラテン・アメリカの伝統となっている感がある。アフリカでは成功例とは言えない一九七四年のウガンダ（イディ・アミン政権下）の委員会に始まって、ジンバブエ（一九八五年）、チャド（一九九一年）、ブルンディ（一九九五年）、ナイジェリア（一九九九年）、シエラ・レオネ（二〇〇〇年）に委員会がつくられた。南アフリカでは、アフリカ民族会議（ANC）による自らの人権侵害を追及した二つの調査委員会（一九九二、一九九三年）の後、国際的に知られることになった真実和解委員会が誕生した。ラテン・アメリカではボリビア（一九八二年）を皮切りに、アルゼンチン（一九八三年）、ウルグアイ（一九八五年）、チリ（一九九〇年）、エル・サルバドル（一九九二年）、ハイチ（一九九五年）、エクアドル（一九九六年）、グアテマラ（一九九七年）、ペルー（二〇〇一年）、パナマ（二〇〇一年）に設置された。グアテマラでは公的な委員会とは別に、カトリック教会が主導した真実探求プロジェクト（レミー・プロジェクト）があり、その膨大かつ詳細な報告書は社会運動としての真実探求の金字塔と言えるものである。

それでは、アジアではこの種の試みがなかったのかというと、そうではない。ネパールでは一九九〇年に失踪調査委員会がつくられ、スリランカでも一九九四年に三つの地域別失踪調査委員会がつくられた。大韓民国では、金大中大統領が活動家の死について調査する不審死真実委員会（二〇〇〇年）を設置し、盧武鉉大統領が日本植民地期の強制徴用等を調査する「強制動員被害真相究明委員会」（二〇〇四年）、重要な政治的事件の真相を追及する省庁ベースの過去事件真相究明委員会（二〇〇五年）を設置している。

二〇〇二年にスタートした東ティモールの「受容真実和解委員会[1]」は、アジアにおける最初の包括的な紛争後の真実和解委員会として注目を浴びることになった。紛争や抑圧体制を経験し、過去の清算、国民融和という課題を抱えている国はアジアにも少なくない。また、今なお紛争や抑圧体制のもとにある国にとっては、やがてこのような委員会が必要とされる時が来るかもしれない。こうしたアジアの現状において、東ティモールの委員会は近いところにあるモデルを提示したといえる。

２　東ティモールの委員会の「真実と和解」

二〇〇二年にスタートした東ティモール受容真実和解委員会（ＣＡＶＲ：Commissão de Acolhimento, Verdade e Reconciliação）は、真実探求と和解の二つをマンデート（任務）としていた[2]。

ＣＡＶＲ設置法（ＵＮＴＡＥＴ規則二〇〇一年一〇号）は、真実探求を紛争中に起きた人権侵害を調査し真実を確立することと定めている。この場合、真実とは、個々の人権侵害事件の事実だけでなく、その原因、動機、文脈、状況、責任の所在（政治的責任も含む）、さらには紛争全体の国際的・国内的な要因までも含むものと定義されており、これが、紛争史を全体として描くという、司法的な人権侵害事件捜査とは趣を異にする真実探求の特徴となっている。二〇〇〇ページを超すＣＡＶＲの最終報告書の大半は真実探求の結果報告であるが、記述されているのは人権侵害のほか、紛争史、占領体制、レジスタンスの構造、東ティモール諸政党・各国政府・国連の責任など多岐にわたる。つまり、真実探求の企図するところは、真相を明らかにし、被害に認知を与え、正義への道を開くことにとどまらず、この紛争がいったい何であったのかという問いについて一定の答えを示すことであり、そのことを通じて国民統合の出発点となる共通の歴史認識をつくり出すことなのである。

もう一つのマンデートは和解である。今日一般に真実和解委員会と総称される世界中の委員会は、実際には和解をマンデートとしていないところが多い。真実と和解がセットで名称に入るようになったのは比較的近年のことである。しかも、何をもって和解とするのかについての標準はなく、和解とは多分に精神ないしはスローガンであったと言うことができる。ＣＡＶＲは、和解を「コミュニティ和解プロセス（ＣＲＰ）」という具体的な手続きへと還元した。この手続きにより、加害者（元インドネシア派民兵）は罪を告白し、謝罪し、ある場合には一定の償いを行うことで、コミュニティに受け入れられた。そして、精算された罪は訴追しないという司法当局による保証が与えられた。この具体化・還元によって、和解は実行と評価が可能な「事業」となり、これがＣＡＶＲの一大特徴となった。ＣＲＰによって一三七一人の加害者がコミュニティに復帰した。これは目標とされた一〇〇〇人を大きく上回り、事業としては成功であったと言える。

しかし、誤解がないよう言っておかなければならないのは、ＣＲＰが対象としたのは、重大犯罪（殺人、拷問、レイプ、強制移動など）でない犯罪、たとえば程度の激しくない殴打、破壊、窃盗等に限られたということである。これは、重大犯罪は免責されるべきではないという正義の原則からきた制限である。さらには、一九九九年以前の人権侵害についても除外された。法的根拠・基準が未整備で、膨大な量の件数があったからだと考えられる。ＣＲＰは重大犯罪裁判を補完するものとして構想されていたから、重大犯罪裁判が一九九九年以前の事件を扱わない以上、ＣＲＰが一九九九年以前の事件を扱うことはできなかった。

東ティモール人内部の和解は、実は単純なものではない。インドネシア派（統合派）と独立派の和解とは別に、独立派内部の和解の問題がある。具体的には、一九七五年のＵＤＴ（ティモール民主同盟）のクーデターから発展した内戦、一九七六〜一九七八年のフレテリン（東ティモール独立革命戦線）内部の路線対立を原因とする抗争などは社会に大きな亀裂をもたらした。これらの問題に対してＣＡＶＲは真相を明らかにした以外には、前者について公聴会を通じて和解を促したくらいである。

これら二つのマンデートとは別に、ＣＡＶＲは被害者支援を重要な仕事と位置づけた。各地での被害者公聴会、被害者のためのヒーリング・ワークショップ、コミュニティ・プロファイル・ワークショップの開催、緊急支援の提供などがそれに含まれた。コミュニティ・プロファイルとは、村落レベルで集会を行って住民が共同で記憶に残っている人権侵害や事件を議論し、それを報告書の形にしたもので、地域住民参加型の真実探求と言えるものである。

３　真実探求の手法

ＣＡＶＲがとった真実探求の方法は多面的・総合的なもので、南アフリカ、グアテマラ、ペルーなどの委員会から様々な手法を取り入れて構築された。

その中で中心的な部分を成したのは陳述（statement）である。ＣＡＶＲは陳述採取者を東ティモール全県に配置し、七八二四個の陳述を集めた。また、難民の多いインドネシア領西ティモールでの陳述採取はインドネシアのＮＧＯに委託され、九一個の陳述が集められた。陳述はテープ録音され、要旨がまとめられ、分析され、コンピュータに入力されて人権データベースの基本部分を構成した。また、人権データベースにはアムネスティ・インターナショナルや東ティモールのＮＧＯから提供されたデータも入れられた。人権データベースは、ＣＡＶＲ用に独自に開発されたプログラムを使用しており、年月日、人物、組織、場所、人権侵害の種類等によって縦横に検索可能なものとなっている。データベースは人権侵害のパターンやそれらの連関を導き出すのに使われたほか、個々の人権侵害の貴重な情報源となった。

陳述採取を広範な網かけ調査とするならば、リサーチ（research）はピンポイント調査と言える。ＣＡＶＲ本部はリサーチ部を置き、一〇のテーマの下にインタビュー、データ・資料収集を行った。一〇のテーマとは「飢餓と強制移動」「インドネシア軍・警察」「フレテリン・ファリンティル」「拘禁と拷問」「殺害と非自発的失踪」「子ども」「女性」「一九七四～七六年の政党対立」「自決権に関する国際的アクターの役割」、そして「虐殺」であった。リサーチ部は一〇〇〇個を超えるインタビューを行ったが、その中にはＶＩＰインタビューと称される一群の歴史上の重要なアクター、すなわち調査当時（二〇〇三―〇四年）大統領、首相、外相、内相、国会議員、軍司令官などになっていた独立派東ティモール人の指導者たちのインタビューが含まれている。人権侵害の真相究明だけでなく歴史の解明にとって重要な資料が形作られたと言える。

リサーチを基にした重要な活動として公聴会（public hearing）があった。リサーチで上がってきた被害者、目撃者、関係者の中から重要または典型的な人を選んで、公に証言をしてもらうというものである。公聴会は「政治的投獄・拘禁・拷問」「女性と紛争」「強制移動と飢餓」「虐殺」「一九七四～七六年の政治的対立」「自決権と国際的アクター」「子どもと紛争」という七つのテーマで行われ、毎回テレビ・ラジオで生中継された。公聴会は大きな関心を集め、ＣＡＶＲを一躍有名にした。公聴会は六五あった郡のレベルでも行われ、国民が被害の歴史を共有する上で役割を果たした。

紛争の被害をめぐる争点の一つに死者数があった。死者数は一〇万から二〇万と推計によって差があり、それは人口七〇万弱（一九七五年当時）の社会にとっては大きな差であったため、客観的な方法に基づく死者数の算定が求められた。ＣＡＶＲはこれを人権データ分析グループ（Human Rights Data Analysis Group）という人権データの統計処理専門集団（米国）に委託した。このグループは各国の真実和解委員会で同様の仕事をしている。

しかしながら、もともと統計データが少ない東ティモールでの仕事は困難をきわめた。結局、データはすべて委員会オリジナルの三種類のデータ、すなわち、陳述から作られた人権データベース、全国四九二の公共墓地の墓碑を数えた墓地センサス、そして無作為に抽出された一三二一家族の過去の死亡履歴を調べた遡及的死者数調査（Retrospective

Mortality Survey）によって得られたデータが用いられた。結果は一〇万四〇〇〇人あるいは一八万三三〇〇人という、異なる二つの推計値となって表れた。分析グループは、データ量および記憶の精度を勘案した場合、前者の数値が統計学的により妥当な選択となるだろうと述べている。結局、死者数をめぐる論争に決定的な解答を与えることにはならなかったが、科学的な手法で範囲が絞り込まれたということは一歩前進であったといえる。

また、当然ながら、ＣＡＶＲは様々な方面から文書資料を収集した。インドネシア占領下ディリ裁判所の政治裁判資料、重大犯罪部の一部資料、国連警察歴史的事件捜査資料、インドネシア国軍の一部出版物・内部文書などである。

これらすべての材料を用いて、最終報告書は執筆された。膨大なデータの整理と分析に予想以上の時間がかかり、報告書の執筆・編集には一年半を要した。

4　プロセスとしての真実探求

ところで、真実探求の成果は最終報告書に書かれたことがすべてではない。真実探求（truth seeking）とは文字どおり探求する「行為」であり、結果はどうであれ、そのこと自体に意義がある。

まず、約八〇〇〇人が自発的に陳述採取という手続きをとおして証言したことの意味は大きい。それまで公に聞き取られることのなかった過去についての記憶が語られ、記録され、一定の認知が与えられた。陳述者は虐殺を生き延びた人、暴力をうけ傷を負った人、家族や友人を亡くした人、非人道的な状況を目のあたりにした人などである。そうした陳述を聞き、記録するという作業は、委員会にとっては厳粛な行為であった。だから、陳述採取者は陳述に口をはさむことが許されていなかった。たとえ陳述者が明らかに間違ったことを言おうと、それはそれとして記録するよう指示されていたのである。

リサーチ部が行った一〇〇〇余りのインタビューにも、同様の意義が認められる。こちらは陳述採取と違ってリサーチャーと証言者の「やりとり」から成り、時には証言者が言いたくないような事柄について追及することもある。それでも長年心の奥底にしまっていたことを語ったことで安堵感、解放感を得たという人もいるし、なかにはカタルシスに達して涙がこぼれる人もいる。また、当然ながら、リサーチャーの説得にもかかわらず、最後まで証言を拒否した人もいる。しかしこれもプロセスと考えれば、無駄であったとは言えない。リサーチャーは二〇歳代から三〇歳代の若い世代に属する東ティモール人であり、一方、インタビューされる人の多くは四〇歳代から五〇歳代の当事者、関係者である。若いリサーチャーたちは自分たちの歴史の真実を知りたいという強い動機に支えられて仕事をしており、彼らの真実を語ってほしいという説得には真剣さが感じられた。それは東ティモール人同士の真実をめぐる対峙であり、その時は語ってくれなくても、若い世代の思いは理解してもらえたと思う。

次に、公聴会はいろいろなドラマを生んだ。飢餓・虐殺・拷問といった人権侵害については、東ティモール人なら誰もが知っている「あたりまえの話」ではないかと思われるかもしれない。しかし、実際には紛争中そうした話を表立ってすることは許されるはずもなく、まとめてちゃんと聞くというのは、東ティモール人にとっても初めてのことだったのである。聴衆の中には毎回出席し、そのたびに涙しているといった人がいた。

また、テレビで証言の中継を見ていたら、いてもたってもいられなくなって会場まで駆けつけて来たという人もいた。「女性と紛争」の公聴会では、インドネシア軍兵士、東ティモールの諸政党の兵士から性暴力を受けた女性たちが証言を行った。被害をうけながら性にかんする社会的タブーゆえに真実を語り正義を求めることができなかった女性たちの勇気ある証言は、彼女たちの尊厳を回復し、ジェンダー暴力に対する理解を広めることに貢献した。

政治的対立の公聴会は、ＣＡＶＲがもっとも慎重に準備を進めた公聴会であった。紛争の一要因として東ティモール人の内部対立があったことは否定できないことであり、一九七五年を知らない東ティモールの若い世代は、インドネシア軍の侵略の脅威を前に先輩指導者がライバル競争にうつつを抜かしたことが、民族を戦争に巻き込んだと見る傾向が強い。政治的対立の公聴会がそうした過去のライバル意識をあらわにした言説で彩られるならば、指導者に和解の精神などないことが明らかになり、ＣＡＶＲの依って立つ精神的基礎そのものが揺らぐことにもなりかねなかった。ＣＡＶＲは事前に指導者たちと協議を重ね、共通認識の醸成に努めた。公聴会では、かつて内戦で反目し合った指導者たちが反省・謝罪の弁を述べ、最後は抱き合うパフォーマンスを見せたため、会場はおおいに沸いた。その晩、ＣＡＶＲの若手のスタッフたちは興奮さめやらぬといった面持ちで、ビールを片手に深夜まではしゃいでいたのが印象に残っている。

また、前述のコミュニティ・プロファイルについてはかなりな数のレポートが本部に寄せられた。質量ともにばらつきが見られ一律の扱いができなかったが、村落レベルでのこうした共同作業はプロセスとしては十分意義があったと思われる。最終報告書でもしばしば引用されている。

5　真実探求への抵抗

さて、以上のような説明から、紛争後の東ティモールにおける真実探求の事業が順風満帆であったかのように思われると、それはいささか違うと言わなければならない。一般的に、真実和解委員会の仕事はその時の政権の政治的意思に大きく左右される。そして政治勢力間の闘争を背景に、委員会そのものが、真実を発見し和解を実現するための闘争の場となる。委員会には大きな調査権限が与えられるべきだが、それを可能にする政治的意思の裏づけがなければ、通常正しくは機能しない。

ＣＡＶＲは住民投票（一九九九年）の翌年に開かれた国連暫定行政人権部、ＮＧＯ、カトリック教会、コミュニティリーダーたちのワークショップで議論され、その年のＣＮＲＴ（ティモール民族抵抗評議会）という独立派大同団結組織の大会で設立が決議された。そして翌年、設置法が国民評議会（各派、各分野の代表で構成され暫定行政下、議会に相当した）を通過し、二〇〇二年一月、国連暫定行政の最後の段階でスタートを切った。ＣＡＶＲは東ティモール社会全体の支持を得るべく手順をふんで設立されたのである。

しかし、いざ活動を始めてみると、旧レジスタンスの中からＣＡＶＲの調査に難色を示す人々があらわれた。ＣＡＶＲは規則により「すべての当事者による人権侵害」を調査することになっていた。それはフレテリン、ファリンティル（東ティモール民族解放軍）といった独立派による統合派に対する人権侵害（殺害等）を含んでいた。独立派にしてみれば、侵略してきたインドネシア軍はそもそも不法な占領をしている上にあらゆる汚い手を使って弾圧してきたわけで、やるかやられるかといった状況下でレジスタンスがやったことは正当防衛だったとの思いがあるだろう。独立派の名誉を汚すようなことに進んで与することなどしたくないという心情もある。ＣＡＶＲはこういう場合、説得を試みるしかなかった。

独立派と統合派の確執は、独立か統合かという問題については住民投票で民主的に決着がついたものの、その後も東ティモール政治の中に引き継がれ、くすぶり続けていた。独立派と統合派が一緒に仕事をする環境にあるＣＡＶＲ

に、かつての人権侵害にかんする非常にセンシティブな情報を提供することが、今日的な文脈でどのような不利な結果を招くかわからないとの懸念は少なからぬ人が抱いていた。リサーチャーに対する妨害行為もあった。

難しかったのは、フレテリンの内部抗争に由来する人権侵害にかんする証言の収集である。フレテリンが政権与党となっている状況でフレテリンの残虐行為を告発することは勇気がいる。フレテリンの指導者がこの点について明確な総括・反省・被害者の名誉回復を行っていない現状ではなおさらである。東ティモール人内部の和解といった場合、この独立派内部の深い傷に取り組まないわけにはいかない。CAVRは最終報告書でこの問題についてこれまでにない詳細な記述を行っているが、まだまだ明らかにされていないことが多いと考えられる。[3]

6　運動としての真実探求

紛争後の真実探求は、真実和解委員会だけが行うものであろうか。司法プロセスと異なり、真実探求は幅広い国民の参加なくして成立しない。CAVRが陳述採取、公聴会・証言会、コミュニティ・プロファイルなど開かれたプロセスを用意したのは、何が真実として確立されたかという結果を示すことだけが重要なのではなく、真実を求めることの意義が理解され、それが精神として定着することが長期的な展望に立った平和構築のねらいでもあるからである。それは法の支配、正義の原則の確立につながる。公的な性格を持った委員会は通常短期に事業を終える。それはそれで重要な機能があり、真実探求のモデルを提示するが、紛争後の真実探求の全体はもっと長く、幅広く、多様なものとして捉えられていい。

東ティモールにはマウシガ（アイナロ県）やクララス（ビケケ県）といった虐殺を含む広範で深刻な人権侵害が集中的に発生した地域があり、それらの地域の住民は人権侵害の記録を自分たちの手で残してきた。レジスタンスも様々な弾圧事件について記録を残している。また人権団体は一九九〇年代半ば以後の人権状況に詳しい。個人が持っている情報もまだまだ多いはずである。

現在、CAVRに蓄積されたデータと資料を公的に保存するためのプロジェクトが進んでいる。また、投獄・拷問といった経験を持つ元政治囚のインタビュー・プロジェクトが元政治囚協会（ASSEPOL）で進んでいる。レジスタンスの文書の一部はポルトガルでデジタル化が行われ、ディリのレジスタンス文書博物館で利用できるようになった。

UNTAET時代のラジオ局が制作した一三回シリーズのドキュメンタリー番組「トゥバ・ライ・メティン（Tuba Rai Metin）」（大地にしっかりと立つという意味で抵抗する東ティモール人の心意気を表したことば）は、数々のインタビューをナレーションでつないで構成されている。それはさながらオーラル・ヒストリーによる民衆の紛争史であり、CAVRにとってもおおいに参考になった。また、政府の首相府男女平等推進局（OPE）は『血で書く（Hakerek ho Ran）』（出版年は書いてないが、おそらく二〇〇四年）という女性運動史を出版した。

公的な歴史事業は、ややもするとレジスタンスの栄光をたたえるというところで終わってしまい、結果として真実探求と和解の精神から遠ざかってしまう可能性も否定できない。真実探求が偏狭なナショナリズムに取り込まれないためには、不断の市民の参加、多様な探求が保障されていなければならない。

また、多様な探求ということで言えば、インドネシア占領時代だけが東ティモール人にとって真実探求の対象であるとは限らない。ポルトガルによる長期の植民地支配、日本軍占領によってうけた傷もまた癒されてはいないからである。ＣＡＶＲ最終報告書は、第二次世界大戦中、東ティモール人は殺害、性奴隷制などによって苦しんだと書き、また日本軍と連合軍のはざまで分断されたことは大戦後の東ティモール社会に少なからぬ影響を与えたとの証言に言及している[4]。二〇〇五年には東ティモールと日本の市民による日本占領期の女性に対する暴力についての共同調査プロジェクトが行われ、二〇〇六年一月、被害者・証言者によるＣＡＶＲをモデルとしたような公聴会が開催された。紛争が終結して、やっと東ティモール人がみずからの歴史を回復する試みが可能になった。

7　インドネシアとの関係

ＣＡＶＲに具現した紛争後の東ティモールの真実探求において最大の欠落は何かと問われれば、それはインドネシアの不在である。そもそも紛争後の東ティモールの平和構築全体において、インドネシアは欠落している。部分的に民主化したインドネシアの政権にこれ以上の負担をかけたくない、それが自国の利益の擁護にもつながると考えた関係国の思惑が背景にある。

ＣＡＶＲ設置法は東ティモールの国内法であり、召喚、文書押収、証人保護といった項目があってもインドネシアに適用することはできない。陳述採取などシステマティックな事業は、東ティモール人を対象としたものでしかなかった。また、その道徳的権威もインドネシア国内では通用しなかった。紛争後の真実和解事業が両国をカバーする国際的プロジェクトとならなかったことが、そもそもの欠落を生み出している。

インドネシアは一九九九年の騒乱の責任者を自国の特別人権法廷で裁くことを許されたが、起訴された一八名のうち、統合派民兵組織の副司令官だったエウリコ・グテレス一名だけが有罪という結果に終わった。インドネシアにおける紛争後の司法プロセスは、完全に失敗に終わったと言っていい。

一方、真実和解については二〇〇五年八月、真実友好委員会（ＣＶＡ）をインドネシア、東ティモール両国政府で設立し、訴追へと向かわないことを前提に一九九九年の責任を明らかにするとしている。ＣＶＡは、その真実探求のマンデートがＣＡＶＲと重複しているとの印象は否めない。しかも、人道に対する罪を最初から免責するといった枠組みに疑問が呈されている。国連も各国政府もＣＶＡに対しては慎重な態度をとっており、人権団体はその存在意義をほとんど認めていない。

インドネシアでは二〇〇四年九月に真実和解委員会法（二〇〇四年第二七号法）が国会で可決され、二〇〇五年四月までに大統領によって設立されることが定められた。しかし、委員会可決直後に政権が交替し、国軍出身のユドヨノ新大統領は過去の人権侵害の追及に消極的であった。その結果、委員会設立は法律で定められた期限を一年以上超えても実現せず、被害者たちの期待も急速にしぼんでしまった。そして、二〇〇六年一二月、憲法裁判所が委員会法そのものを違憲と判断したことで、委員会構想は頓挫することになったのである。憲法裁判所に判断を仰いでいたのは過去の人権侵害を追及したい被害者や市民であり、彼らが問題としていたのは被害者救済の障害となる可能性のあった条項で、法律そのものが違憲とされることを望んでいたわけではない。しかし、裁判所は、訴えを認めつつも、法律自体を違憲と判断し、消極的な政府に構想を葬る格好の口実を与えてしまった。本来なら、政府は、法律の不足部分を改め、被害者により配慮した形で委員会構想を再スタートさせるべきであるが、その後、政府はこの問題にまったく触れなくなってしまっている。

こうして見てみると、紛争後の平和構築が東ティモールだけを対象としたものになったこと自体が平和構築の限界域を定めていると言うことができる。インタビューでは、まだ子供がインドネシアの学校に残っているからといった理由で証言をためらう人がいた。ＣＡＶＲの和解はインドネシアを含むわけではなく、インドネシアではまだ国軍が勢力を保持していることは誰もが知っている。ＣＡＶＲのインドネシア人アドバイザーの一人、ムニール氏は二〇〇四年九月、オランダに向かう航空機内で毒殺された。今日に至るまで真犯人はつかまっていない。東ティモールでの人権侵害を含め、国軍の暴力を告発することに情熱を傾けていた人権弁護士の死は、まだ旧勢力が隠然とした力を保っていることを示しており、インドネシアにおける真実探求の動きに暗い影を落としている。

8　おわりに

ＣＡＶＲは二〇〇五年一〇月三一日に最終報告書を完成させ大統領に提出した。報告書は紛争中発生した人権侵害を幅広く記述し、紛争を助長した関係国政府の責任を追及する内容であった。また、その多岐にわたる勧告には、インドネシアに武器売却を行った政府の拠出によって被害者への補償がなされるべきだという趣旨のものが含まれていた。こうした外交に影響を及ぼしかねない勧告があったため、シャナナ大統領は早期の配布に躊躇したものと思われる。大統領から国会に提出されたのはそれから一か月後であり、コフィ・アナン国連事務総長に手渡されたのは翌年一月二〇日であった。さらに一般公開されたのはそれからしばらく経ってからで、法律では「即座に公開される」となっていたのが実際には四か月もかかったことになる。

二〇〇五年一二月ＣＡＶＲは解散し、「ポストＣＡＶＲテクニカル事務局」が新たに設置され、報告書のテトゥン語訳作成、配布、啓蒙事業などを行っている。報告書はあまりに大部で、印刷して配布することは費用の点から難しい。かわりにCD-ROM化して配布されているものの、東ティモールでそういう媒体にアクセスできる人は限られている。

こういう事情もあって、今の時点でこれといった社会的なリアクションはない。政府、国会、政治指導者たちもほとんど発言していない。今年はじめ、報告書の公開とほぼ時期を同じくして発生した独立以来の政治的危機のため、報告書を議論するどころではなくなったという事情もある。国民和解の浅薄さを露呈した今回の危機の中で新首相となったノーベル平和賞受賞者ジョゼ・ラモス・ホルタは、その首相就任演説でCAVR報告書に触れた。「今、一九七四年から一九九九年にかけて、我々が共に体験したことをさらに深く省察することが必要である。分厚いCAVR報告書は我々の歴史の百科事典であり、苦悩と教訓とに満ちている。今日の危機をより良く理解し、未来の危機を防ぐため、我々はそこに込められた偉大な教訓に学ばなければならない」（首相府発表のスピーチ原稿）。CAVRの真実探求の成果と効果が問われるのは、まさにこれからというところである。

注

1　筆者は二〇〇三年四月から二〇〇四年四月まで東ティモール受容真実和解委員会の歴史調査アドバイザーを務め、主として真実探求部門リサーチ部による調査を監督した。その後は一年間、月に一度のペースで東ティモールに行き、追加調査と最終報告書のドラフト執筆に携わった。本章を書くにあたっては私自身の経験を基にしている部分がある。

2　CAVRの最終報告書『Chega!』は現地事務所（ポストCAVRテクニカル事務局）でCD-ROMで入手できるほか、ニューヨークにある移行期正義の専門NGO、International Center for Transitional Justice（ICTJ）のサイトからダウンロードできる。

http://www.ictj.org/en/news/features/846.html

3　フレテリンはインドネシア軍侵攻後山の中で住民に投降を勧めていた交渉およびフレテリンの急進的な政治方針に抵抗していたイデオロギー的穏健派を粛正した。この粛正の反省の上にシャナナの民族統一路線は形成された。しかしシャナナの路線は前衛党たる自負を持ったフレテリンの非主流化を意味していたから、フレテリン内の守旧派はシャナナおよび大同団結組織ＣＮＲＴ主流派と対抗関係にあった。この対立が現在の与党・野党の関係に引き継がれている。

4　政治的対立の公聴会におけるトマス・ゴンサルベスの陳述。ＣＡＶＲ最終報告書 Part 3（紛争の歴史）、一〇頁および注14。

参考文献

篠田英朗『平和構築と法の支配——国際平和活動の理論的・機能的分析』（創文社、二〇〇三年）

松野明久「東ティモール大統領と内閣の対立」（『世界』二〇〇二年六月号、二五～二八頁）

同「東ティモール政治のスタート」『オルタ』（アジア太平洋資料センター、二〇〇二年八・九月合併号、八～一一頁）

同「東ティモール——危機の構図」『オルタ』二〇〇六年八・九月号、二六～二九頁）

同「インドネシア真実和解委員会法」『インドネシア・ニュースレター』五二号、二〇〇五年四月（日本インドネシアＮＧＯネットワーク発行、三二～三七頁）

同「東ティモール紛争後の現場から——東ティモール受容真実和解委員会の仕事」（財）アジア・太平洋人権情報センター（ヒューライツ大阪）編『アジア・太平洋人権レビュー二〇〇五』（現代人文社、二〇〇五年六月、六七～七九頁）

古沢希代子「東ティモール／「多元的和解」という課題」『アジ研ワールド・トレンド』二〇〇二年七月（№.八二）、三六～三九頁。

The International Center for Transitional Justice（ICTJ）, 2003, *Intended to Fail - The Trials Before the Ad Hoc Human Rights Court in Jakarta*, written by Professor David Cohen, edited by the International Center for Transitional Justice.

Priscilla B. Hayner, 2002, *Unspeakable Truths: Facing the Challenge of Truth Commissions*, Routledge.

第9章　国際刑事司法過程と平和構築――紛争後社会の集合的記憶形成を手がかりとして

藤原　広人

1　はじめに

冷戦の終焉に引き続き一九九〇年代に噴出した民族間紛争と、それに伴う著しい人権侵害・大量殺害などの非人道的行為に対処するため、国連安全保障理事会は旧ユーゴスラビア国際刑事裁判所（International Criminal Tribunal for the former Yugoslavia：ＩＣＴＹ、一九九三年）およびルワンダ国際刑事裁判所（International Criminal Tribunal for Rwanda：ＩＣＴＲ、一九九四年）を設立した。それ以来、国際刑事司法制度（International Criminal Justice System）は飛躍的な発展を遂げてきた。一九九八年には、戦争犯罪をはじめとする国際犯罪を裁く常設機関として国際刑事裁判所（International Criminal Court: ＩＣＣ）を設立する多国間条約がローマで採択され、同裁判所は二〇〇二年より本格的に活動を開始した。

国際刑事司法制度の機能は、一義的には犯罪者の処罰と矯正、そして将来の犯罪の抑止にあることはいうまでもない。しかしながら国際刑事司法制度が対象とする地域のほとんどは、武力紛争によって生じた膨大な数の被害者および加害者が、時として「被害者・加害者」という立場を入れ替えながら錯綜して存在する紛争（後）社会（Post-Conflict Society）である。こうした社会では、国内的には独立した司法機関が崩壊して存在しないか、仮に、存在しても国内の支配体制が旧権力から新権力へと移行する過渡期にあるため、その存立基盤が脆弱であることが多い。

こうした状況下において運用される国際刑事司法制度の役割は、狭い意味での矯正的司法（Retributive Justice）の実現という範囲を超え、紛争後社会の平和構築の文脈において理解されるものでなければならない。

そこで本章では、国際刑事司法制度と紛争後社会の平和構築の関係について検討してみたい。その際一つの視座として、国際刑事司法が紛争後社会における集合的記憶（collective memory：詳しくは参考文献［Halbwachs, Maurice］を参照）の形成に果たしうる役割に注目する。紛争から平和への移行過程にある社会にとって、「紛争下で何が起きたのか？」また「紛争を引き起こした責任者は誰であるか？」という問いは、新たに形成される社会がアイデンティティを確立してゆく上で重要な意味を持つ。国際刑事司法過程は、こうした問いに対する一つの「説明（narrative）」を一定の法的規範の枠組みに従って提供する営み、という側面を持っている。

次節以下では、まず集合的記憶と国際刑事司法過程の結びつきを示す事例としてあるエピソードをとりあげる（本章2）。次いで、国際刑事司法制度とそれが対象とする国際犯罪の特徴について明らかにする（本章3）。さらに、国際刑事司法制度を形成する重要な一過程としての国際犯罪の捜査過程について検討した上で（本章4）、国際犯罪捜査過程が紛争後社会における集合的記憶の形成とどのような関連性を持つかということについて考察する（本章5）。最後に今後の課題について検討する（本章6）。

2　集合的記憶と国際刑事司法制度の関係に関する事例

戦争犯罪に代表される国際犯罪を扱う国際刑事司法と、紛争後社会の集合的記憶形成の関連を示す事例として、まずはじめに筆者の個人的な経験を述べることをお許しいただきたい。

筆者は一九九五年の暮れ、アメリカ中西部のある町にＩＣＴＹより捜査官とともに派遣され、一九九二年から一九九三年にかけてボスニア・ヘルツェゴビナに実在したある強制収容所の生き残り証人たちからの聞き取り調査を行っていた。

同収容所にはかつて主としてセルビア系住民が収容されており、我々一行の訪問の第一の目的は、元収容者からの証言を聴取し被害の状況を正確に把握することにあった。しかし聞き取りが進むにつれ、証人たちが一様に国際刑事司法制度自体に強い懐疑心を持っていることが明らかになってきた。

聞き取り調査の対象となった証人たちが一様に強調したのは、セルビアは一四世紀後半に起きたいわゆる「コソボの戦い」でオスマントルコに敗北して以来、いわば歴史の被害者としての悲哀をずっと負ってきたということであり、この悲哀を今度のユーゴ戦争においてもセルビア人は少なからず味わわされたということであった。そして国際裁判所も、セルビア人を加害者と決めつける一方的な国際世論を体現するものであるという批判が繰り返された。結果的に、証人のほとんどが事実上の証言拒否をするに至った。

しかしながら調査団の訪問の趣旨は元来、セルビア系住民の被害状況を正確に把握することにあり、彼ら証人はＩＣＴＹへの協力を拒否することにより、むしろセルビア人の被害状況を公知させる機会を自ら逃すことになるのである。しかしこの調査の場ではこうした冷静な議論が成立する余地はなく、民族の歴史にまつわる集合的記憶が大きく作用しているということが強く印象づけられた。

この出来事からほぼ一〇年経過した二〇〇四年、ボスニア東部のスレブレニッツァという場所で一九九五年の七月に起こった大規模な虐殺事件の上訴審がＩＣＴＹで行われ判決が下された。これにより、一審で有罪判決を受けたクルシュティッチという当時スルプスカ共和国軍（ＶＲＳ）の将軍だった人物に対する懲役三五年の刑が確定した。この裁判の過程で様々な事実が認定されたが、とくに争点の一つになったのは、およそどのくらいの数のムスリム系住民がその時虐殺されたかという点であった。判決ではほぼ七〇〇〇〜八〇〇〇という数字が認定されたのであるが、この判決結果を受けてスルプスカ共和国（Republika Srpska / Serb Republic）が独自の調査団を組織してスレブレニッツァの虐殺に関する調査を行った。この調査の結果出てきた被害者数の推定が、クルシュティッチ裁判で認定された数字とほぼ一致し、これを受けて同共和国が虐殺の事実とその規模を認め公式の謝罪をするという事態に発展した。一〇年前と比較して変化が見られたわけであるが、これら二つのエピソードは、集合的記憶（あるいは公的記憶）と国際刑事司法の関連を示す異なった事例である。

3　国際刑事司法制度と国際犯罪

一般的に言って国際刑事司法制度は、時系列に次の四過程から構成される。まず最初が国際犯罪の察知および捜査の過程で、いわゆる investigation の部分である。続いて、捜査の結果収集された証拠を元にして被疑者を訴追する過程、すなわち公訴（indictment）の過程である。そのうえで公判が続く。これが trial である。公判の結果有罪が認定された場合、確定した刑の執行という enforcement の過程があるが、これを含めたものが国際刑事司法を形作る四過程とされる。なお本章では国際刑事司法制度の範囲を、国連をはじめとする国際機関が主権国家から一定の独立性を保ちながら独自に行うものに限定する。したがって例えば国際刑事警察機構（ＩＣＰＯ）をとおした各国の捜査機関相互の活動調整や、二国間条約に基づく司法共助は本章の考察の対象から除外する。

また本章が考察の対象とする国際犯罪とは、具体にはＩＣＴＹ規程の第二条から五条（あるいはＩＣＴＲ規程二条四項）に規定されているものを指す。例えば、次のようなものである。ＩＣＴＹ規程二条にある一九四九年のジュネーブ条約における非戦闘員や戦争捕虜に対する保護規定に違反するような行為。または第三条にある戦争慣習法規違反（無差別または恣意的攻撃の禁止規定に対する違反など）。次いで第四条規定の「ジェノサイド」。そして最後に第五条に規定されている「人道に対する罪」である。これらの他に「侵略に関する罪」という概念もあるが、これはＩＣＴＹ規程およびＩＣＴＲ規程には含まれておらず、また新設の国際刑事裁判所（ＩＣＣ）でも今後その内容については継続審議されることとなっておりその具体的規定内容については未定の状態である。したがって「侵略に関する罪」に関しては、とりあえず本章の対象からは除外する。

国際犯罪と通常犯罪の違い

では、国際刑事司法の捜査対象となる国際犯罪とは、いわゆる通常犯罪とどう異なるのであろうか。まずはじめに、通常犯罪のなかで国際犯罪に比較的類似していると見られるもの、例えば組織犯罪との比較をしてみよう。両者の共通点は、ともに複数の犯罪者が関係しそれぞれが相関関係を持っている点である。またいわゆる指揮命令系統（command

and control）に相似するもの、すなわち犯罪を指揮する者と末端で犯罪を実行する者、そして両者の橋渡しをする中間的な者が存在することも共通している。

一方相違点としては、国際犯罪は、国内犯罪と比して一般に被害の程度が非常に大規模である点が指摘できる。例えば、一つの村全体のせん滅、都市に対する無差別爆撃、数千人単位の一般住民の殺害、あるいは数十万規模の住民の強制移動といったような事例が典型的な国際犯罪である。また、このような規模の犯罪を国内の捜査機関が扱うということは通常考えにくい。

また、犯罪の動機にも本質的な違いが見られる。国際犯罪の場合、犯罪に該当する行為が正統政府による政策の執行過程の一環として行われる場合が多く見られる。例えば、正規軍の構成員たる兵士が、国家の安全保障上の必要という名目で一般市民を虐殺する場合、またある特定集団に対する迫害政策を、官憲が公務の一部として遂行する場合である。このような事例では、当該行為自体が国内的には必ずしも犯罪とみなされない場合もあり、また犯罪者の動機を「私的利益の違法な追求」に求めるのは無理がある場合が多く見られる。その一方で通常犯罪の場合は、仮に組織犯罪などであっても、犯罪の動機自体は犯罪者個人、またはその個人の属する集団の「私的な利益の追求」に還元される場合が多いと思われる。加えて、通常犯罪に該当する行為自体は、国内刑法上のいわゆる可罰的違法性が認められる場合がほとんどであろう。

4　国際犯罪捜査過程の特徴

次に国際刑事司法制度を構成する一過程として、犯罪を捜査する過程すなわち国際犯罪捜査に注目してみたい。国際犯罪捜査に一見類似したものとして、国連等の国際機関が行う人権侵害調査ないしファクトファインディング・ミッションが挙げられる。両者の共通点としては捜査ないし調査対象が、集団殺害や拷問、財産、住居等の広範囲にわたる破壊など、被害規模が大きい点が挙げられる。例えば、近時スーダンのダルフールにおける重大な人権侵害に関する国連の調査団が、ＩＣＴＹ元所長のアントニオ・カッセーゼ氏を団長として派遣されたが、こうした調査団の活動と先に触れたスレブレニッツァにおける虐殺の捜査は、扱う事例の規模と犯罪類型という点から見ると共通点がある。また、調査対象の背後に主として武力紛争があるというのも共通する点であろう。

一方で重大な違いも存在する。人権侵害調査の場合、調査の結果人権侵害の事実が明らかになると、非難の対象は人権侵害を行った当該政府に向けられる。また調査の目的は、国際社会から当該政府に対して政治的な圧力を加え、究極的には当該政府の政策変更を迫ることにある。その結果人権侵害調査では人権侵害の全体的な規模および深刻さの把握に重点が置かれ、個別の人権侵害の事例はそこでは例示的に扱われるにとどまる。一方国際犯罪捜査の究極的な目的は、ある個別の事件について、犯罪を犯したと思料される個人の責任の有無をその地位を問わずに明らかにすることにある。このため、いわゆる「合理的な疑いを超えて（beyond a reasonable doubt）」最終的な有罪認定に足るだけの事実関係を捜査機関が立証することが前提となり、個別の事案に関して事実を立証するために要求される基準がきわめて高くなる。これが、両者を分かつ大きな相違点であると思われる。

国際刑事司法の実態面に関する研究の遅れ

これまで国際刑事司法制度に関する研究は、主として法学的なアプローチからの研究が多かったように思われる。つまり、国際犯罪の構成要件や裁判手続に関する議論、または確定した刑の執行に伴う管轄権の問題等に関してはかなり活発な議論が積み重ねられてきた。その一方、国際犯罪を捜査当局が最初にどのようにして認知し（「犯罪の認知過程」）、証拠をどのように収集するのか（「捜査活動と実体的真実の発見」）、また被疑者をどのようにして選定し証拠固めをした上で公訴に至るのか（「警察および検察の裁量」）など、国際刑事司法過程あるいは国際刑事政策に関する実態的な研究はこれまであまりなされてこなかった。

国際刑事司法過程の特徴の一つは、捜査の対象とする国際犯罪の取捨選択における検察当局の裁量が非常に大きいことにある。紛争の過程で、ほとんど日常的に無数に繰り返される戦争犯罪行為のうち、どれを捜査および最終的な訴追対象として選択するのか。また、選択した戦争犯罪行為と紛争当事国の国家政策との連関をどのように証明するのか。その他「実体的真実」の発見との関係では、一人の証人が、様々なNGOや国際機関そしてメディアから同じ事件について何度も証言を聴取される場合、結果として証言内容に少しずつ齟齬が生じることがある。こうしたいわゆる証言の contamination という現象をいかにして防ぐのか。これらの点が実務上常に問題となる。

次節で述べるように、捜査当局が何を国際犯罪として選択し、何を証拠として収集するのかという問題は、紛争後社会の集合的記憶形成と深く結びついている。集合的記憶の内容がより「実体的真実」に即したものとなるよう、国際刑事司法過程の明確な枠組みを設定する必要がある。

5 国際犯罪捜査と集合的記憶形成

次に、国際犯罪の捜査過程が紛争後社会の記憶形成とどのような関連を持つかについて考察する。まずはじめに、国際犯罪捜査の法社会学的な意味について考察してみたい。

国際犯罪捜査とは法社会学的には、「過去に起こったある行為類型（犯罪）の意味を、事実の収集・解釈という作業を通して再構築する過程」と規定することができるであろう。換言すると、ある行為が国際犯罪として察知されるのは、まずはじめに国際刑事司法制度の一部を成す国際捜査機関（例えばICTY、ICTR、ICC）による情報収集、捜査官および検察官による収集証拠の解釈、および当該事件が紛争全体の文脈のなかで占める意味の明確化（contextualisation）といった一連の過程の結果である。こうして察知された国際犯罪行為は、最終的に法廷における事実認定という過程を経て確定される。

このように考えると、国際刑事司法ないし国際犯罪捜査が本来担わされている目的は大別して二つあり、それらはある個人の刑事責任の有無の特定と責任者の処罰といった刑事司法本来の目的以外に、紛争後の移行期社会において紛争の最中に起きた社会的に重要な事件に関する「説明（narrative）」を、一定の法的な規範の枠組みの中において提供することにあるのではないだろうか。

こうした見方は、一般的な司法の目的を念頭に置いた場合奇異な考えであると思われる。司法の目的はあくまで厳密かつ公正な法の適用および司法的正義の実現にあり、国際刑事司法においてもこうした目的以外は排除すべきであるという見方もあろう。しかしながら、一般社会と紛争後の移行期社会とを比べた場合の大きな相違点の一つは、後者の場合、ある社会的に重要な出来事（この場合国際犯罪）について何が事実であるかということを客観的、統一的に認定することのできる司法機関が存在しないのが常態であるということである。このため、例えば何が犯罪であり何が事実であるのかということに関して、当事者たちがどこからも公的な認定を得ることができないという事態が出現する。

そうした状況下、国際機関が第三者として入り、例えばある戦争犯罪の事実を収集し、それを公正かつ透明な司法過程を通して認定するということは、単なる個人の有罪無罪の認定という次元を超えた意味を持つものである。国内の司法機関に対する信用が一般に欠如しているかあるいはきわめて希薄な移行期社会において、当該社会にとって大きな意味を持つ犯罪について、捜査から始まる一連の国際刑事司法過程を経て一つの公的な説明が与えられまた記録として保存されるということの意味は大きい。公的記録による集合的記憶の形成は、紛争後社会における平和構築へとつながるものであるが、国際犯罪捜査は公的記録の内容そのものの選択に重要な役割を持っている。

しかしながら、司法過程を通じた集合的記憶の形成という問題を考える際、問題となる点も存在する。司法過程というのは、集合的記憶を形成することを一義的な目的として行われる活動ではないわけであり、そのため公判の場面においては起訴された訴因に関連する証拠しか基本的に提出することができないという手続き的な制約が存在するのである。

また被告の権利保護との関係では、被告の罪状に直接的な関連を持たないような証拠は、例えば紛争自体の要因や背景に光を当てる重要な証拠であっても、これを証拠として法廷に提出することは控えられるのが通常である。つまりある証拠が被告の権利保護との関係においてどのような意味を持つのかということが、公判では重要になってくるわけである。国際犯罪捜査の過程で実際に収集される膨大な量の証拠の中には、歴史的資料としてはきわめて重要なものがあるわけであるが、こうした証拠の中でふるいにかけられたごく一部だけが公判で提出されるという事実に注目する必要があるだろう。

また別の問題もある。仮に集合的な記憶が司法過程を通して作られうるということを認めるとしても、それはあくまでも偶発的に生じるものにすぎず司法過程が集合的記憶形成を意識的・政策的に行いうるのか、またそうすることが望ましいのかといった問題である。

こうした問題ないし限界に配慮した上で、なお国際刑事司法過程を通じた集合的記憶形成の一定の可能性というものに注目したい。

その可能性の一つは、すでに触れたことであるが、国際犯罪捜査によって収集される証拠の量および質に関してである。通常であれば一般の目にまったく触れることのない機密性の高い軍事および政府関係資料が、国際捜査の過程を通じて大量に収集される。国際捜査がなければ、おそらくはその存在すら知られることのなかったであろう国家機密に属する文書が、公判になると一般の目にさらされることになるわけである。例えばＩＣＴＹは旧ユーゴスラビアの紛争当事国に関して捜査する権限を持っているわけであるが、旧紛争当事者すべてに対して捜査権限を持ち、または権限に随伴する証拠の収集・分析能力を備えている機関は、ＩＣＴＹのような国際機関以外には現実的には考えがたい。

また捜査を通して再構築された事実が、公判における立証とそれに対する反証という公開の手続きを通して最終的に認定（または否定）されるわけであるが、このような手続きの透明性がそこを通して認定された事実の公的性格を担保し、集合的記憶につながってゆく可能性を示唆している。

6　今後の課題

最後にまとめとして、今後の課題について考えてみたい。まず最初に、国際刑事司法制度を法的な議論もさることながら、政策科学の観点からとらえ直すことの重要性を強調したい。理由はすでに述べたとおりであるが、国際刑事司法が持っている政策的に重要な implication（含意）をすくいとるような議論の積み重ねが必要である。

それと同時に、国際刑事司法と国内刑事司法過程との連携、補完性ということを今後より深く検討する必要があるであろう。国際刑事司法の役割は、国際犯罪を立案、実行した紛争当事国の指導者の一部について、刑事責任の有無を判断するということに限定されるわけである。しかし一般の被害者にとっては、国家指導者の一部のみを処罰したところで、自分たちに直接の被害を加えた実行犯がなお大手を振って町を歩いているという状況の中で、真の正義がなされているのかどうか認識できないという状態が生じる。いわゆるインピュニティ・ギャップ（impunity gap 一部の犯罪のみが処罰の対象となり、他の犯罪は不問とされること。犯罪に対する処罰の適用にムラが生じること）と呼ばれるこうした不処罰の文化を是正するため、移行期社会における国内裁判制度をこれから強化していく必要がある。

最後に、国際刑事司法制度を平和構築の文脈の中に位置づけることの重要性を再び強調したい。これまで国際刑事司法の議論は、いわゆる加害者の処罰や矯正といった矯正的司法（Retributive Justice）の文脈の中で語られることが多かったが、こうした視点に加えて、被害者の救済や旧状への復帰といったいわゆる国際刑事司法の修復的司法（Restorative Justice）的な性格についても議論を深める必要がある。紛争後の移行期社会では平和と司法（的正義）の非常に微妙な関係が常にあるわけであり、両者を両立させるためには修復的司法からの観点が重要であろう。紛争後社会の集合的記憶形成にはたす国際刑事司法の役割もこうした観点から評価できるのではないだろうか。

参考文献

篠田英朗『平和構築と法の支配』(創文社、二〇〇三年)
藤原帰一『戦争を記憶する』(講談社現代新書、二〇〇一年)
Hagan, John, 2003, *Justice in the Balkans*, The University of Chicago Press.
Teitel, G. Ruti, 2000, *Transitional Justice*, Oxford University Press.
Halbwachs, Maurice,1980, *The Collective Memory* (translated by Ditter, J. Francis and Ditter Vida Yazdi), Harper & Row.

＊本章の内容は、あくまでも筆者個人の意見であり、必ずしも筆者が所属する組織の見解を反映しているわけではない。

第10章　国際刑事裁判所における被害者参加・賠償の法的枠組みの実施に関する諸課題

フィオナ・マッケイ（河島さえ子・訳）

１　被害者参加・賠償部に与えられた権限とその任務

まず、国際刑事裁判所（以下、ＩＣＣ）書記局、被害者参加・賠償部に与えられた基本的な権限とその任務を紹介し、被害者参加・賠償部がその権限の遂行を開始するためにどのようなことを行っているか、ということを説明するところから始めたい。

被害者参加・賠償部には、ＩＣＣ書記局内の専門的な部署として、被害者に対する援助を行うという権限（mandate）がえられている（裁判所規則八六条九項）。被害者参加・賠償部に課せられた具体的な任務（responsibilities）の内容としては、国際刑事裁判所規程（以下、ローマ規程）に定められている被害者の権利について被害者に知らせること、被害者が法的助言を得ようとしたり、法定代理を立てようとする際に援助を行うこと、法定代理人を十分な支援・情報とともに被害者に提供すること、被害者が様々な手続段階へ参加する際に支援すること、被害者からの申立を処理し、それら申立に関する報告書を裁判部に提出すること、などが挙げられる(手続証拠規則一六条一項、裁判所規則八六条)。

被害者参加・賠償部は、設置されて以来、運営上必要な手続やデータベースの立ち上げ、被害者が裁判所に申立をする際に使う申請用紙の作成などを行いながら、これらの任務を遂行するための準備をハーグにおいて進めてきた。ＩＣＣで使用される様々な書き込み用紙（書式）は、裁判所統括部（Presidency）の承認があって初めてＩＣＣの公式書類として使用可能になるのだが、被害者が手続参加や賠償を申請する際の標準申請用紙も完成し、統括部からの承認を得た。さらに、裁判所が捜査に着手しており、トレーニングや広報活動を行っている地域において、被害者参加・賠償部は使節団を派遣して普及活動を行い、現場における準備もしてきた。

ところで、日本では、刑事訴訟法改正が二〇〇〇年に行われ、被害者による意見陳述導入など、刑事手続における被害者の役割に関するいくつかの改革がなされたそうであるが、これら改正の理論的根拠や、改正を実行していく際に、日本の関係者がどのようなことを学んできたのか、などは興味深い点である。

日本やＩＣＣにおけるこのような進展は、より被害者に親和的（victim-friendly）な刑事訴訟法条項を導入しつつある世界的潮流を反映したものであり、この世界的な潮流は、国内レベルにおける発展と国際的基準設定における発展の双方を伴っていると言える。この進展のなかには、刑事手続の期間中被害者に手続の情報が常に与えられるよう保障する、被害者に様々な段階で裁判所へ意見を述べる機会を与える、そして被害者への賠償を認める、といった方向への流れが見られる。

しかしながら、すべての法制度においてこれらの要素が完全に認められてきたわけではない。私は英国出身であるが、英国は、刑事手続において被害者に主要な役割が与えられていない英米法の伝統を引き継ぐ国である。けれども、つい最近、被害者への情報提供を保障する条項がイングランドとウェールズで制定され、有罪判決のある場合には、公判の最後に被害者の意見陳述を許可するということが試験的に行われるようになった。しかし、被害者がある刑事裁判所に対して直接に何か訴えかけたり、刑事手続を通して賠償を請求したりすることを許すという観念は、最近まで英国の法制度にとってかなり異質の相容れないものだったのである。

なぜかというと、英米法の法制度は、常に二つの対峙する当事者――検察と被告人――で事件が争われるという考え方に基づいており、もし被害者が刑事裁判所に訴えかけることを許すと、当事者間に不均衡をつくり出すような他の要素を持ち込むことになり、水平的な競技の場(訴訟構造)が乱されることになるからである。

次に、ローマ規程のなかで被害者に与えられている権利を実現していく際に、ＩＣＣが直面している具体的な課題――実務的、法的、そして概念的な課題――をいくつか紹介していきたい。この際、まずは、このような条項がローマ規程に含められることとなった理由を念頭においていただきたい。従来型の暫定的国際刑事法廷[1]においては、被害者が直接訴訟に関わる機会を与えられておらず、その結果、実際に犯罪の起こった地域の住民にとってそのような法廷が疎遠なものとなってしまっているという研究結果があり、そこに見られたような失敗を避けるということが、被害者関連条項挿入の理由である。被害者が訴訟手続について知らなかったり、訴訟手続への自己の関わりを感じ取ることができないという事実は、これらの法廷がプラスの貢献をするべきはずの国々において、人々の法廷に対する態度にマイナスの影響を与えていた。

ＩＣＣではそれとは異なるアプローチを取ることによって、現地社会に良い影響を与え、癒しと平和構築の過程の一環となることが望まれているのである。

2 裁判所への被害者のアクセス

訴訟手続への参加や賠償申請のために被害者がICCに十分アクセスできるようにするために、被害者参加・賠償部が採用してきた戦略を、ここで手短に紹介したい。ハーグに本拠地がありながら、広い範囲で情報提供や広報活動を行うのは至難の業である。ICCの書記局が、ただ単に国内避難民キャンプ（camp for Internally Displaced Persons = IDP camp）や遠隔地の村に出かけて行って、「こんにちは。私たちはICCから来たものですが、当裁判所での手続についてお話したいと思います」などといきなり言い始めたりするわけにはいかないのである。

私たちの戦略は、被害者の共同体とつながりをもっていて、そのような共同体からすでに信頼を得ており、被害者とICCとの間の仲介役となってくれるような現地のグループを探し出し、そのようなグループと連携して働くというものである。私たちが、このような仲介役のグループに対し裁判所における被害者の役割について説明し、説明を受けたグループが今度は被害者にその説明を行い、被害者が申請用紙に書き込むのを手伝ったり、法定代理を立てるのを手助けしたりするというわけである。被害者参加・賠償部は、ICCが捜査を行っている国々において、このような仲介役となるグループを見つけ出し、訓練するという仕事をしている。

ICCは捜査や訴追が行われている場所に現地事務所を設けており、被害者参加・賠償部のスタッフもそこに駐在している。このような現地事務所も、被害者のICCへのアクセスを促進するという被害者参加・賠償部の仕事の一助となっている。

被害者参加・賠償部がこのような仕事をしていくにあたり特に重要な課題は、実現不可能な非現実的期待を呼び起こしてしまうことをいかに避けるかということである。具体的な例を挙げると、被害者が訴訟手続への参加を申請し、賠償請求した場合で、その被害者は傍目に見ると侵害にあったことがかなり明確なケースなのに、裁判所が「残念ながら、あなたはＩＣＣにおける被害者の定義に当てはまらないので、あなたを被害者と考えることはできません。したがって、あなたの意見を聞いたり、あなたの賠償請求を認めたりはできないのです」というような状況がありうる。もし、これが被害者に適切に説明されなければ、被害者はこのような状況をとても悪い方向に受け止めるであろう。「私のことを被害者ではないとでも言うのですか……？」と。

被害者に情報がどのように伝えられるかということを、訴訟手続の全過程を通して、継続的に、慎重に考えることはとても重要なことなのである。

３　被害者とは誰か

ＩＣＣの手続における被害者の定義は、ＩＣＣの手続証拠規則八五条に掲げられている。定義の最初の部分は、「被害者」とは「裁判所管轄権内のいずれかの犯罪の結果、危害を被った自然人」を意味する、となっている。[2]

定義の二番目の部分は、「被害者」とは「宗教、教育、芸術、学術、若しくは慈善目的に供される財産や、歴史的記念建造物、病院、その他の人道目的の場所及び物に直接的な危害を被った組織又は機関」を含みうる、となっている。[3]

ＩＣＣ管轄下の犯罪には、物件、特に病院関連の財産やその他のタイプの財産に対する危害に特化した犯罪が含まれるからである。

この定義はかなり概括的であり、ＩＣＣの裁判部による解釈が待たれる。手続が進行するにつれて、被害者の定義が徐々に狭くなっていくという可能性も考えられる。例えば、早い段階においては、捜査進行を許可するか否かを予審裁判部が検討する際などに、被害者は見解や懸念を裁判官に述べることができる[4]。この段階においては、まだある特定の個人が訴追されているわけではないので、広範囲の被害者が名乗り出て、権利を主張することができるかもしれない。

そして、手続が公判の段階に進むと、手続に参加できる被害者は、問題となっている事件が対象とする特定の犯罪に関連する被害者のみである、と裁判部が決定する可能性が考えられる。

賠償との関係での被害者の定義については、未解決の法的問題がいくつもあり、今後、裁判所がそれらについて決定していく必要がある。この文脈においては、ローマ規程七五条が、裁判所は賠償に関する原則を定めなければならないとしていることが興味深いと言える。

例えば、被害者が被害者として認められるためには、問題となっている危害に対してどれくらい近接した関係にあったのかなどが問題となる。ＩＣＣは、問題となっている犯罪によってある共同体全体が影響を受けた、というケースを取り扱うことになるかもしれない。このような場合、裁判所は、どのようにして、誰が、賠償を受け取ることのできる程度に十分犯罪と近接した関係にあったと決めるのだろうか。個人賠償であれ集団賠償であれ、この問題は存在する。

どの国内法制度にも、近接性とそれに関連する問題を決める規則がある。また例えば、一九八五年に国連総会で採択された「犯罪及び権力濫用の被害者のための司法の基本原則宣言」など、この問題に関する国際的な法原則や実行も存在しており、裁判所はこのようなものに依拠しようとするかもしれない。

4　被害者の訴訟手続参加に関する諸問題

前述のように、被害者は、手続の早い段階から見解や懸念を裁判所に提示することができる。例えば、ローマ規程一五条三項に規定されているように、裁判所が捜査の進行を検察に許可するかどうかを検討するときや、同一九条三項にあるように、管轄権又は受理可能性（admissibility）の問題を検討するとき、そして、ある特定の被疑者に対する起訴内容を（予審裁判部が）確認する際の審理において[5]、そのような意見陳述の機会が与えられている。

このことは、訴訟手続開始の発端となることや、捜査・訴追範囲決定へ影響を及ぼすこととの関係において、被害者がどのような役割を果たしうるのかという問題を投げかける。つまり、このような事柄が検討される際、裁判所は被害者の意見をどのように考慮に入れるのかということが問われるわけである。

被害者の参加の態様については、裁判官の裁量に大きく委ねられており、裁判官はローマ規程六八条三項に挙げられている様々な要素を比較考量し、被害者参加のあり方について一貫した枠組みをつくり出していかなければならない。

例えば被害者が、被告人の有罪・無罪の認定に関わってくる情報を裁判所に提出したいという時にはどうするのか。ＩＣＣでは、そのような情報にどのような位置づけがなされるのか。日本の刑事訴訟法の新しい条項下で、被害者は裁判所に証拠を提出することはできない、とされているのは興味深い。

数多くある未解決の問題のなかには、被害者が自分たちの物語・身の上話を裁判所で語りたいと要望する場合に、裁判所はどのような態度をとるべきかという問題もある。ＩＣＣは、この被害者の要望に対し寛大な態度をとるのだろうか。それとも、「私たちは真実究明・和解委員会ではないのだから」といった厳しい態度をとるのであろうか。

5　どのようにすれば賠償に関する裁判所の権限が適切に遂行されるか

裁判所は、ローマ規程七五条に基づき、被害者に対する賠償命令を出すことができる。この条項はどのように実施されるべきだろうか。

ＩＣＣの法律文書に組み込まれている重要な原則は、情況に対して賠償は適切なものであるべきだ、ということである。ローマ規程と手続証拠規則は、これを実現するための道具立てを裁判所に提供している。例えば、裁判所は賠償の形態を集団的賠償とするべきか、個人賠償とするべきかについて決めることのできる柔軟性をもっていることなどが、その例として挙げられる。

裁判所がどのような賠償形態を命令すべきかという点について、一つの共同体内部においてさえ異なった意見が生じうることがすでに明らかになっている。一貫したアプローチをとりつつも、特定の情況・文脈においてそれぞれどのような命令を下すか決定していくことは、被害者の期待に対応することと同様、難しい課題となるであろう。裁判所が、共同体の指導者や市民社会の代表者、その他現場の関係者に、意見を求めようとすることもあるかもしれない。

さらに難しい課題は、ＩＣＣ全体を基礎づけている補完性の原則をどのように適用していくかということにある。この補完性の原則とは、国内システムが機能できないか、機能する意図のない場合にのみＩＣＣが介入する、というものである。この原則は賠償に関してどのような影響を及ぼすのだろうか。どのような情況・文脈のケースに対しても、ＩＣＣは小さな額の賠償しか提供できないであろうということを考慮するならば、国内レベルにおける賠償への動きに対し、ＩＣＣはどのように自己を関係づけていけばよいのだろうか。

他に問題となりうる事柄は、犯罪者本人からではなく、ＩＣＣ管轄権内の被害者の利益ために設立された被害者信託基金から賠償金が拠出された場合、被害者は果たして満足を感じるのだろうか、ということである。犯罪者が財産をもっていない場合、有罪判決を受けたその人が他の方法で被害者に償いをするよう、非物質的・精神的なレベルで裁判所が何かできないものだろうか。

6　被害者の法定代理が直面する課題とは何か

被害者のための法定代理人が直面する課題も多々ある。法定代理人は相当大きな被害者の集団を代表することもあるだろうし、心的外傷（トラウマ）に苦しむ被害者や傷つきやすい被害者たちの対応をしなければならないこともあるであろう。ＩＣＣの書記局は、法定代理人となる法律家たちのための訓練やその他の準備を計画する際、そのような要素も考慮に入れている。

7　終わりに

ＩＣＣはまだきわめて初期の段階にあり、ＩＣＣが被害者に与えている権利は、国際刑事法廷としてはまったく新しいものである。ゆえに、課題や未解決の問題が山積している。そのうちのいくつかは法的な性質をもつものであり、実務的な課題や概念的な問題もある。

ここに挙げた問題の多くは、平和構築の文脈におけるＩＣＣのより広い役割に関する問題、そしてＩＣＣが自己の作動する地域にどのような影響を及ぼしうるのか、及ぼすべきなのかという問題と密接に関連しており、またそのような問題をさらに提起しているのだとも言えるであろう。

訳　注

1　旧ユーゴスラビア国際刑事裁判所、ルワンダ国際刑事裁判所など。
2　手続証拠規則八五条(a)項。
3　手続証拠規則八五条(b)項。
4　ローマ規程一五条三項。
5　ローマ規程六一条。
＊本章において、「裁判所」とはＩＣＣのことを意味する。

第3部　グローバル・ガバナンスにおける国際刑事司法

◆平和構築に向けたグローバル・ガバナンス――国際刑事司法の方法・概念・制度

遠藤　乾

第3部では、平和構築、とりわけ国際刑事裁判に関わる問題を、制度、概念、そして理論の観点から考察したい。すでに第2部において、国際刑事司法というテーマについては導入されているが、ここでは平和構築との関連で包括的に掘り下げ、以下を試みる。

① 平和構築の社会構造的な条件と方法を模索し(第11章)、
② その上で国際刑事裁判所(ICC)の機構や機能(第12章)、それを支えるNGOについて検討し(第13章)、
③ さらにICCの役割と限界を、いま一度平和構築の全体像、とりわけ「法の支配」の文脈から考察したのち(第14章)、その「法」の中身についての対立軸の提示を通じて国際刑事司法が留意すべき課題を洗い出し(第15章)、
④ 最後に、ICCが裁くべき大規模集団被害とそれへの対処(つまり平和構築)を、メタなレベルに落として包括理論として提示する(第16章)。

後段の議論から明らかになるように、これらの試みから、いくつかの重要な論点が浮かび上がる。

まず第一に、平和構築に際して、どのようなアプローチを取るべきかという問題である。ブレイスウェイトが第11章で試みたのは、社会に一般に応用できる「規制理論(Regulation Theory)」を援用し、応答的(Responsive)なガバナンスを平和構築に持ち込むことであった。この方法によれば、組織的な暴力の回路を狭め、逆に正統的な市民参加の環境を整備していくことで、国家の応答能力を上げることが肝要である。仮に破綻ないし脆弱国家がそれに失敗するときには、国際社会が同様に応答的に介入することになる。その際強調されるのは、被害者同様に(旧)戦闘者にも、カウンセリング、医療財政支援、修復的正義(Restorative Justice)、広い意味での教育を実施し、和解や再建につなげていくというシナリオである。そう

して初めて、停戦、秩序回復、武装解除などの過程を超え、より深い平和構築を根づかせることができるのである。これは、第1部と第2部にも通底するメッセージだろう。

第二の論点は、こうした構図の中でICCが占める位置とその制度的な特徴である。いうまでもなく、それは近年の国際社会における最も顕著な制度的革新であり、日本も二〇〇七年夏にローマ規程の批准を完了した。このICCは、コウルラが紹介しているように、一方で国際社会の中に埋め込まれ、各国の協力によって初めて、また各国の刑事司法を補完する形で、機能しうる存在であるが、他方、ジェノサイドや人道の罪、および戦争犯罪を犯した者の「免責に終止符を打つ」権能を兼ね備えた人類史上初の常設機関である。ICCはまた、マッケイが強調しているように、被害者救済に正面から取り組む国際機関でもある。これは、右記の「修復的正義」の制度的な表現ともいえよう。付言すれば、マッケイ自身が関わった人権NGOは、この被害者救済にこだわり、ローマ規程策定過程において無視しえぬ影響力をもった。人権NGOによる持続的な活動は、平和構築における応答的ガバナンスに生命力を注入する不可欠な要素となっている。

しかしながら第三に、ICC（とNGO）に関する応援歌のみで本書を締めくくるわけにはいかない。ICCが「国際社会に埋め込まれた」存在である点を掘り下げていくと、そこに微妙な問題が浮上するからである。篠田が観察するように、それはまず、強制執行の権限をもっていない。加えて、ICCは法的国際機関として平和構築に関わることで重要な貢献をなしうるが、同時に現地社会の能力強化のために能動的には介入できないという制約を抱えている。さらに寺谷の指摘によれば、国際刑事司法が依拠する「法の支配」の中身をつめていくと、国際・国内・個人の複数レベルにまたがる「法」と「法」が対立し、たとえ手続き的に中立に振舞ったとしても、どの「法」を優先するのかという規範の階層化を避けて通れない。とすると、例えば（戦争の欠如という）消極的平和の維持や生命権の尊重といった優先規範からこぼれ落ちる正義の実現については、国際刑事司法は自制を余儀なくされよう。こうして、ICCの機能は、可能性と限界の双方から、等身大のものとして把握される必要に行き着くのである。

最後に、以上検討されてきた国際刑事司法は、グローバル・ガバナンスの理論と実践にどのように接合されるのであろうか。エヴァルトは、大規模な集団被害に直面したとき、（ⅰ）無条件／条件つきで介入するのか、（ⅱ）その介入の正しさは、被害の重大さ／国際共同体の利益のどちらに依拠するのか、（ⅲ）国際刑事司法は普遍的に／何らかの政治的利益に基づいたときに介入するのかどうか、という三つの視点を導入し、ＩＣＴＹの判例を分析した。その結果、「犯罪」とされる被害の特定化が進行しており、それは生命、社会、生活、アイデンティティ、環境の五つのパターンに収斂している事実が浮かび上がった。これは、ある形式の暴力を犯罪とみなす際の世界基準（グローバル・スタンダード）が生成し、介入を正統化つつあることを示唆しているのである。

第11章　平和構築と応答的ガバナンス

ジョン・ブレイスウェイト（城山英明・訳）

1　平和構築の希望

イラク、ルワンダ、ソマリア、その他の失敗した国際的平和活動は、介入に関する悲観的見解をもたらした。崩壊しつつある国家で暴力が勃発した際には、受動的に対応するのが最善であると考える者もいた。あるいは、一定の集団が勝利するか、戦闘者がお互いに疲弊するまで待つのが最善であると考える者もいた。そのような場合、伝統的な平和維持活動の役割は散発的に存在するだろうが、平和構築活動の役割は存在しない。しかし、実際の状況はその反対の事実を指し示している。マーシャルプランは高価だったかもしれないが、（一九一九年のアプローチと比較して）第二次世界大戦後の国民国家建設は経済的には効率的な投資であった。近年の発展途上国における状況も同様の方向を指し示している（Doyle and Sambanis 2000; Human Security Report 2005）。平和構築への投資を増大させることは、経済的には望ましいことなのである。一度戦争が勃発すれば、力の論理がそれを終了させるために必要であるというのは事実である。ただし、お互いが一定程度疲弊すれば、交渉による権力の共有が達成される（Hampson 1996）。そして、ハンプソンが示すところによれば、国際的なアクターが継続的に関与することによって、持続的平和の可能性が高まる（Hampson 1996）。第三者は、課題を再構成し、新たな選択肢を発見し、援助を行うことで、持続的な平和に不可欠なグッド・ガバナンスと市民社会の再構築に寄与することができる。

ドイルらは、第二次世界大戦後の一二四の内戦について、系統的かつ定量的な研究を行った（Doyle and Sambanis 2000）。多国間の平和実施活動は、通常、暴力活動を終結させ、内戦後の民主化の可能性を高めることに成功していることが明らかになった。国連の条約交渉への関与は平和を促進する可能性をもっていることも明らかになった。この研究において用いられたデータセットによれば、単純な停戦監視や国境監視といった伝統的な平和維持活動は大きな効果をもたないが、経済再建、制度改革、選挙監視、参加型平和の調整を伴う多次元的な平和構築活動は成功の可能性が高いようである。このようなデータからの因果関係の推論は困難であるものの、定量的研究と定性的研究を組み合わせると、国民国家建設は困難でありしばしば失敗するが、うまくいく場合も多いということができる。そうはいうものの、成功の条件を明らかにする理論や証拠は十分には揃っていない。

最新の規制理論（応答的規制枠組み：responsive regulatory framework）は、ドイルらによる多次元的な平和構築に関する研究（Doyle and Sambanis 2000）と驚くほど同様な結果に到達しつつある。単一の規制的介入が大きな効果の証拠をもたらすことはないが、網の目のようなコントロールと能力が状況に応じて段階的に動員された場合には、規制的介入は世界を大きく変えることができる（Braithwaite and Drahos 2000）。網の目を構成する各々の縄は弱いが、介入全体としては強いというわけである。経験的に明らかにされなければならないのは、どの縄がコントロールと能力の網の目を強化するのか、我々がそれらを引っ張った際にどのような要因によって縄がほどけてしまうのか、ということである。

2 武力紛争の社会構造的条件

様々な要素を統合した理論である応答的規制枠組みとでも言うべき理論は、平和構築戦略によって追求されるべき平和の構造的条件を明らかにしている。強力な人権文化が存在する社会においては、他者に対して暴力を行使して、あるいは権利を濫用して目的を達成することを市民は恥じることになる。銃を用いた暴力が恥とされない社会においては、より多くの暴力が発生することになる。暴力のサブカルチャーの存在は、部分的には、多数派である平和を好む価値に対する反応でもある。多数派がサブカルチャーの構成員を否定する場合、否定された者にとって、暴力を重視するのは、否定する者を否定する方法である。

重要な問題は、武力行使が恥ではなくなり、組織的支持を集めるような社会的条件は何かということである。一つの条件は、市民が目的を達成する正統な手段が閉ざされているということである (Merton 1957)。正統な機会が閉ざされていることは、極端な不平等、大規模な飢餓、民族的宗教的少数派の排除、権力の濫用に対する司法的解決の欠如、といったことで明らかになる。しかし、正統な手段が閉ざされているということだけでは十分ではない。非正統的機会が同時に開かれていなくてはならない。武力紛争が発生するためには、武器を獲得する機会が開かれていなくてはならない。誰かがその購入のための資金を提供しなければならない。それは、反乱者を支持している国家かもしれないし、祖国での正義の実現を支援している民族的離散者かもしれない。武力紛争の構造的条件が存在する場合には、

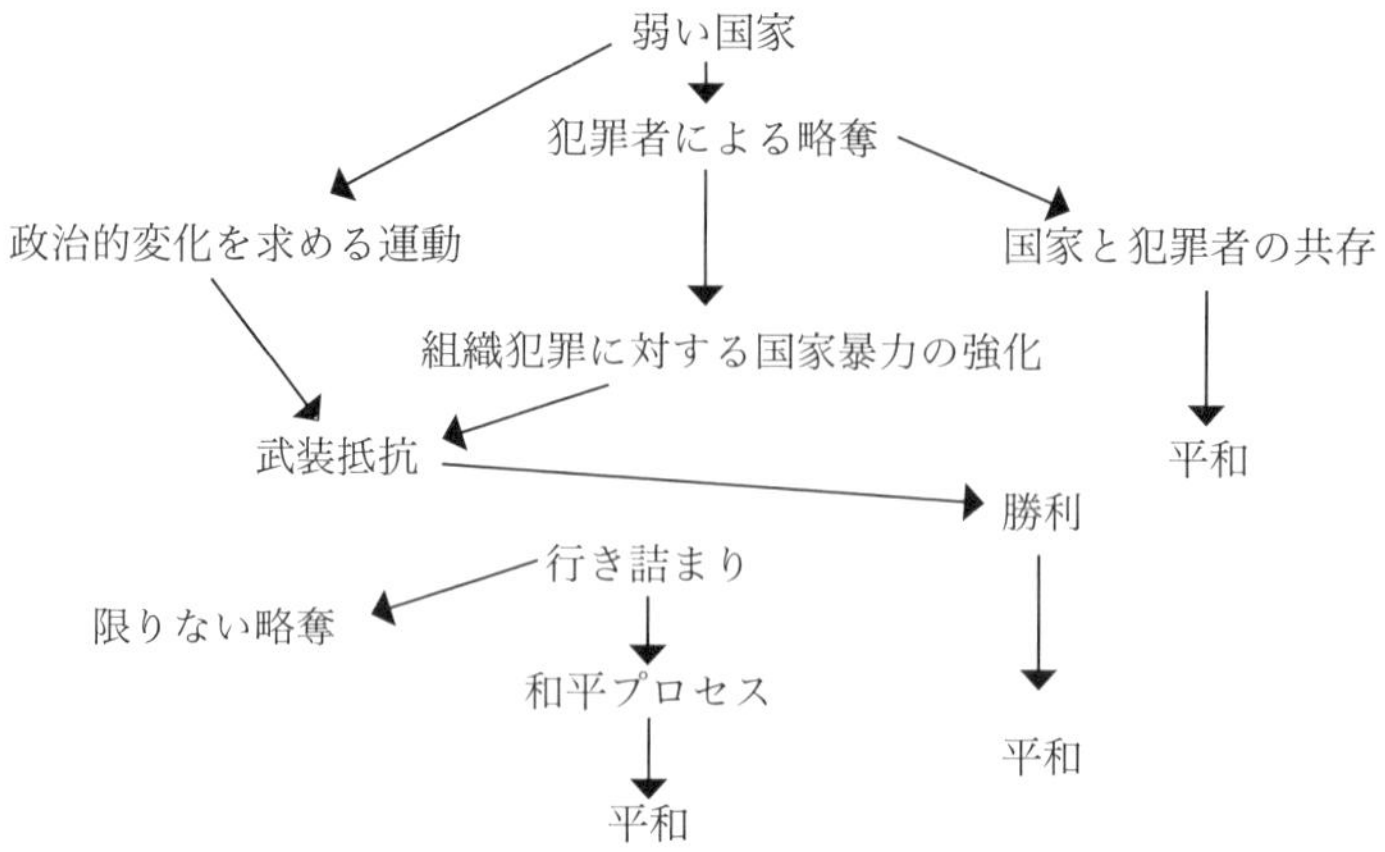

図 11-1　組織犯罪者と国家の相互作用

筆者作成

非正統的機会は増殖する。ある軍事勢力が嫌悪された民族集団を大量殺害する場合には、被害者集団は軍事勢力からの保護を求めることになる。次に、「我々が支配しない場合には、我々が支配される」(Lederach 1997) という信念が生まれることになる。一度軍事勢力が暴力ビジネスに参入すると、軍事勢力組織への動員の増強が新たな非正統的機会をつくり出すことになる。民族集団を保護する武力が新たな組織犯罪行為となる。例えば、道路を封鎖して「税」を徴収したり、銃砲火薬を密輸したり、麻薬を(栽培)したり、偽造を行ったりする。組織犯罪集団は最終的に腐敗し、その結果、国家は暴力を管理できなくなり、軍事勢力が国家となる。

　サンバニスやコリアーらのように (Sambanis 2004; Collier and Hoeffler 2002)、不正利得や政治権力の機会は様々な暴力的、非暴力的手段によって追求される、と我々は考えている。不正利得と体制変革(「欲望と不満」)を追求する平和と暴力の軌跡の中では、組織犯罪暴力、暴動、民族浄化、軍事クーデター、テロ、反乱、対外侵略が起こりうる。各国の事例は平和や暴力に至る様々な類型に分けられる。**図11－1**で考えうる軌跡の一例を示しておきたい。

同図の軌跡は、平和構築において組織犯罪をコントロールすることの重要性を示している。武装した犯罪ギャングは社会を終わりのない戦争状態へと至らしめるリスクを継続的にもたらすので、敵対する軍事勢力が解決をもたらすことはない。戦争は各々（の軍事勢力）が異なった地域を略奪することを許容するだけである。

3 すべてによるすべてに対する戦争の国家によるコントロール

国家が良質の軍隊の利用を実効的に独占している場合に、国家は武力紛争をコントロールできる。しかし、暴力の規制が実効的であるためには、国家には銃以上のものが必要である。規制エスカレーションのピラミッドが必要である（Ayres and Braithwaite 1992）。ピラミッドの基礎には会話によって規制する能力が必要である（Black 1998）。これが実効的であるためには、国家には人々の目及び国際社会から見た正統性が必要である。また、不屈(invincibility)のイメージも必要である。すなわち、被規制者が対話から離脱した場合、国家が規制対応を確実により厳しいものへと展開させるという信念を被規制者がもつことである。国家は、様々な有効な抑止を用いて段階的に対応をより厳しいものへと展開させ、最終的には反乱者を監獄に入れたり、殺害したりすることで能力を奪う必要がある。

しかし、不屈な国家は、不満分子が国家に影響を及ぼす能力をもたない場合には、外部から資金的に支援された武装不満分子に対して脆弱である。特に対話や選挙を通して国家に影響を及ぼす能力を不満分子がもつことが、国家の正統性を構築する。複雑な市民社会の個々の主体には自身が利用できる規制ピラミッドへのアクセスが必要である。それによって、これらの主体は、国家や宗教集団のような市民社会の他の要素を牽制することができる。

もし、これらの主体がもつ唯一の武器が交渉であり、何等の交渉材料もなく執行ピラミッドの底辺に存在する場合には、これらの主体は略奪されがちである。もし、これらの主体が（規制）ピラミッドにおいて基盤をもたず、戦争という大きな交渉材料を与える銃しかもたないのであれば、これらの主体が略奪を行いがちなのである。

社会の中の多くの集団が武力をもつが、熟議、ログローリング（政治的取引）、権力共有に影響を及ぼす能力をもたない場合には、平和の可能性は低い（Doyle and Sambanis 2000）。脆弱な集団も含めた市民社会の大多数が段階的に利用を拡大することのできる熟議的規制手段、抑止的規制手段をもっており、暴力手段をもっていない場合に、平和の可能性は高い。また、正統性をもった国家が段階的に利用を拡大することのできる熟議的規制手段、抑止的規制手段さらには能力を奪う手段をもっている場合に、平和の可能性が高まる。ただし、国家が正統性をもつ条件の一つは、能力を奪う手段の利用が法の支配によって厳格に規制され、執政府から独立している裁判所による執行によって保障されていることである。

選挙により成立した執政府、軍隊によって威嚇されない裁判所、軍隊が奉仕すべき国民の合意によって、軍隊も実効的に規制されなければならない。平和構築は、社会に複雑な権力分立を構築することによって達成される。そこでは、各々の分立した権力は十分な独立性をもち、他の権力を規制することができる。また、社会の他の権力をすべて支配できるような規制されない権力は存在しない。全権をもつ大統領は独裁者となりがちであり、全権をもつ軍はクーデターを起こしがちであり、すべてを支配する多国籍ビジネスは経済的従属をもたらしがちである。このような状況があると、長期的な平和はもたらされない。二つ以上の主要な民族集団が存在する社会において、権力が過度に一元的に集中している国家は脆弱である（Maley 1995）。集権的な大統領が関係するすべての権力をコントロールした場合、例えば、フツ族が権力を掌握しそれをフツ族のために用い、ツチ族には正統な機会が閉ざされた場合には、ツチ族は、このような状況を、集権的権力を獲得するために非正統的機会を追求することで改善しようとするであろう。したがって、国家構造において、権力は歴史的文脈に対応してすべての国民集団に分散されなくてはならない。すなわち、国家内のすべての民族、宗教、集団に一定の有意な自決の感覚を与えなければならない。国家の実効的な応答的規制能力は、リーダーシップ、プロフェッショナリズム、ミクロレベルでの国家公務員の訓練を必要とする。

4 ガバナンス能力をもたない脆弱な国家における平和構築

国家が武力紛争を規制することに大きく失敗した場合、戦争を防止するために超国家的な権威を確立するための国際的介入が、当該国家の市民や国際社会にとって正統なものとなる。特に介入が国連に基礎づけられている場合、正統性の可能性は高い。平和維持部隊が正統性を維持するのは、手続き的に正しく(Tyler 1990)、行政的に効率的であり(Fishel 1998; Manwaring and Joes 2000)、人道的支援と長期的開発を可能にし、略奪(特に強姦や腐敗のような犯罪)を回避できる場合である。

平和構築部隊が平和を確保するためには、有能な国家と同じ能力が必要である。すなわち、正統性、リーダーシップ、軍隊の実効的独占、会話・抑止・相手方の能力を奪う規制へと段階的に拡大できる応答的規制能力、専門的能力と訓練、腐敗しないこと、権利の文化へのコミット、法の支配と手続き的正義(Brahimi 2000)、多元的ガバナンス・権力分立・従来排除されていた集団が政治体に対して武力なしで影響力を行使するために様々な応答的能力を確保できるような市民社会の有効性確保へのコミット、などである。理論的には、平和構築部隊は、社会のすべての集団に正統的機会を開放し、武力行使に訴える非正統的機会をすべての集団に閉ざした場合に、有効なものとなる。平和構築部隊は、有能な人道的支援を提供し、軍事勢力の支配を持続させないＮＧＯや国連の機関と協力することができる（Andersen 1996）。

平和構築部隊は、経済を安定化させ、投資への信頼を再建するために、ＩＭＦ、世界銀行、国内経済官庁、ビジネス、市民社会とも協力しなくてはならない。制度的再建は、「一律の押しつけ（“one-size-fits-all”）」である必要はない（Stiglitz 2002）。これは、個別の診断に基づき、投資を冷却化させている隘路に対応するものであることもできる。

平和維持部隊の保護の下で、台頭しつつある分立的な諸権力主体が共同して制度再建のデザインを行った場合に、平和が持続する可能性が高い。平和維持部隊は熟議によるガバナンスが可能な「礼譲（civility）のある島々」（Kaldor 1999）を発見し、それらを保護し、「礼譲」をそれらの島々から展開させることができる。各々が応答的に他者に影響力を行使できる能力をもつ分立的な権力体制は、文脈に即したあり方で結び目のように発展させることができる。これは、生まれつつある民主主義の会話による影響力行使の結び目をネットワーク化することで可能になるかもしれない。例えば、現地の人権ＮＧＯは応答的規制能力を、その職員が、国際人権ＮＧＯであるヒューマンライツウォッチ、国連の人権担当職員、ジャーナリストや権利の文化構築に関心のある女性集団などとネットワークを構築することができるような、安全な空間を創出することを通して高めることができる。

5　戦闘部隊の再統合

平和維持部隊はしばしば執行の泥沼化問題に直面する。あまりに多くの殺人、強姦、略奪が起こるので、ごく一部の犯罪者に対して執行活動を行うのも困難になる。

この執行泥沼化問題を解決するためには、明確かつ状況に即した戦略が必要になる。通常これには、停戦交渉が含まれ、その中では、武装解除する者に対する条件付恩赦と保護、停戦に先立つ残虐行為に対する執行活動の停止等の条件が論じられる。そして、執行活動は、停戦合意の一線を越えた戦闘者に対して段階的拡大行動を確実に行うことに集中される。その後は、信頼醸成が必要であり、平和維持部隊がもたらす信頼が保障されれば、民兵組織の解体が進むことになる。これらは、深い平和プロセス (deep peace process) を意味する。すなわち、一日の会合ではなく、紛争の根本原因に長期的に取り組むための生存と交渉の多重的相互作用である。

戦闘者の屈辱感は、平和プロセスを遅らせることになる (Kennedy 1969)。武力対立を鎮めるとともに、戦闘者たちの面目を保つことも重要である (Ting-Toomey and Cole 1990)。平和構築と開発援助との統合は、戦闘者の再訓練や生業の機会の創出を含む場合には、役に立つ (Brahimi 2000)。暴力による生存のための非正統的機会が閉ざされるので、正統な手段による生存の機会が戦闘者に開かれる必要がある。トラウマのカウンセリング、医療の提供や財政的支援がすべての被害者に対して必要になる。これらは、それ自体として重要なだけではなく、信頼や和解のためにも不可欠である。また、被害者や戦闘者に対する修復的正義 (restorative justice) の活用も役に立つ (Lederach 1997)。その場合、たとえ休戦協定が恩赦を付与したとしても、犯罪者が真実を話し、被害者の声に耳を傾け、被害者の質問に応答することが条件となる (Gibson 2004)。そして、平和構築者は、和解への協力の拒否に対して、自らの輪を広げることで対応することができる。すなわち、一定の恩赦を行うとしても、修復的正義が確保されるまで戦争犯罪者の上位者を輪の中に巻き込んでいくわけである。真実、証言、喪失の記憶、被害をもたらした政治的プロジェクトを永遠に根絶したいという被害者の考えを十分踏まえたヒアリング、謝罪のための個別的行動の空間及び地域社会の修復、国レベルでの和解と再建がなければ、短期的な停戦は長期的な平和へと定着していかない（Braithwaite 2002）。

これらは、応答的規制理論によると、市民を（社会からの）遊離状態や反抗状態から動かし、創出されつつある民主的制度に従わせ、さらにはそれらにコミットさせるための条件の網の目の一部である。さらに、マンデラの南アフリカに見られたように、未来への希望とより良い未来に対する控えめな自持の念へと進んでいくことが期待される。そこでは、略奪ではなく、継続的な制度改善、権利の文化の確立、社会的支援と集合的実効性の確立に、積極的市民を巻き込むことになる。これらすべては、多くの種類の教育への巨大な投資を意味する。基礎教育、民主的制度への参加に関する教育、人権教育、ジュネーブ条約の尊重に関する教育、国家の能力に関する教育、平和構築の能力自体に関する教育が含まれる。そのためには、新たな学習文化への転換が役に立つ。暴力戦略のモデル化から、いかに平和の中で繁栄を確保するか、いかに予防外交を行うか、敵対を復活させかねない圧力をいかに規制するか等に関する学習への転換である。また、正面から対決することも、和解に至ることもない暴力的衝撃による傷を癒すために、修復的正義の実施に向けた学習も重要である。

参考文献

Andersen, M., 1996, *Do no harm: supporting local capacities for peace through aid*, Development for Collaborative Action, Inc..

Ayres, I. and Braithwaite, J., 1992, *Responsive regulation: transcending the deregulation debate*, Oxford University Press.

Black, J., 1998, "Talking about regulation," *Public Law*, pp. 77–105.

Brahimi, L., 2000, *Comprehensive review of peacekeeping operations*. United Nations General Assembly Security Council, 55th Sess.,

Agenda item 87 of the provisional agenda.

Braithwaite, J., 2002, *Restorative justice and responsive regulation*, Oxford University Press.

Braithwaite, J. and Drahos, P., 2000, *Global business regulation*, Cambridge University Press.

Collier, Paul and Anke Hoeffler, 2002, "On the incidence of civil war in Africa," *Journal of Conflict Resolution* 46, pp. 13–28.

Doyle, M. W. and Sambanis, N., 2000, "International peacebuilding: a theoretical and quantitative analysis," *The American Political Science Review* 94, pp. 779–801.

Fishel, J. T., 1998, *The Savage wars of peace: toward a new paradigm of peace operations*, Westview Press.

Gibson, J. L., 2004, *Overcoming apartheid*, Russell Sage Publications.

Hampson, F. O.,1996, *Nurturing peace: why peace settlements succeed or fail*, United States Institute of Peace Press.

Human Security Report 2005, *Human security report*, Human Security Centre, University of British Colombia.

Kaldor, M.,1999, *New and old wars: organized violence in a global era*, Polity Press.

Kennedy, R., 1969, *Thirteen days: a memoir of the Cuban missile crisis*, Norton.

Lederach, J. P., 1997, *Building peace: sustainable reconciliation in divided societies*, United States Institute of Peace Press.

Maley, W., 1995, In *A crisis of expectations: UN peacekeeping in the 1990s*（Eds, Thakur, R. and Thayer, C. A.）Westview, pp.237–250.

Manwaring, M. G. and Joes, A. J.（Eds.）, 2000, *Beyond declaring victory and coming home: the challenges of peace and stability operations*, Praeger.

Merton, R. K.,1957, *Social theory and social structure*, Free Press.

Sambanis, N., 2004, "Using case studies to expand economic models of civil war," *Perspectives on Politics* 2, pp. 259–279.

Stiglitz, J. E., 2002, *Globalization and its discontents*, W.W. Norton.

Ting-Toomey, S. and Cole, M.,1990, In *Communicating for peace: diplomacy and negotiation*（Eds, Korzenny, F. and Ting-Toomey, S.）Sage.

Tyler, T., 1990, *Why people obey the law*, Yale University Press.

第12章　国際刑事裁判所の機能と課題

エルキ・コウルラ（五十嵐元道／城山英明・訳）

1　はじめに

私の役割は、国際刑事裁判所（以下、ＩＣＣ）が、ガバナンスの一つのツールまたはメカニズムとして、平和構築を増進するグローバル・ガバナンスのなかにどのように組み込まれるかを考えることである。

紛争後の社会について議論する場合、紛争後に導入されるメカニズムは、同時に将来の紛争を防ぐ働きをするメカニズムである点にまず留意する必要がある。例えば、紛争の責任者の逮捕と裁判もそのようなメカニズムである。そして、ＩＣＣはこうしたメカニズムの一部である。以下では、このようなＩＣＣをより幅広い様々なメカニズムが機能する文脈の中に位置づけ、「平和構築」と「グローバル・ガバナンス」という二つの概念を背景に、ＩＣＣの全体像を描いてみようと思う。

2　国際刑事裁判所の概要

まずＩＣＣが生まれた歴史に目を向け、長年にわたる協議、進展、活動などを紹介したい。ＩＣＣは骨の折れる交渉や準備作業を経て、五週間にわたるローマ会議が終了した一九九八年七月一七日に採択された条約で設立された。この条約は、「国際刑事裁判所に関するローマ規程」(以下、ローマ規程)と呼ばれている。ＩＣＣの管轄権から、訴訟手続、裁判所の構成と管理、国際協力、司法共助に至るまでを定めた一二八条の規程からなる文書である。

ＩＣＣは統括部、裁判部、検察局、書記局からなる。ＩＣＣは司法活動が円滑に進み、それに対する適切な支援が十分に行われるよう、あらゆるメカニズムや必要な組織を整備することに力を注いできた。

一方、ＩＣＣの実質的な活動もすでに始まっている。関係諸国の政府(コンゴ民主共和国、ウガンダ、中央アフリカ共和国)から三つの案件がＩＣＣに付託され、そのうち二つ(コンゴ民主共和国とウガンダの案件)ではすでに捜査が始まった。さらに予審部は、コンゴ民主共和国の状況について聴聞を行うために非公開のステータス会議を開いた。この会議に参加できるのは、検察官、その代理人だけに限られる。しかし、最初の事案が裁判所に達するのは時間の問題である。(二〇〇五年三月現在)

ＩＣＣは、ローマ規程の発効日二〇〇二年七月一日から以下の罪を犯した人物についての管轄権を有する。すなわち、ジェノサイドや人道に対する罪、および戦争犯罪である。侵略の罪に関する状況については後述する。

ＩＣＣが事案を受理する時の基本的な考え方は、どのような状況の下でもすべての案件で訴追を行うといったものではない。むしろ、ＩＣＣは各国の司法当局を補う形で行動する。ＩＣＣが実際に行動を起こすのは、各国の司法当局が行動しない場合だけに限られる。この根底には、国家自身が自国内において刑事管轄権を行使すべきであるという考えがある。そのため、ＩＣＣは最後の手段であると言われることがある。

ＩＣＣの管轄権は、次の三つの場合のいずれかに発動する。締約国から付託された場合、安保理から付託された場合、および、国、組織、個人からの情報に基づいて検察官自身が捜査を開始した場合である。管轄権を行使する上での前提条件は、締約国の領土内で犯罪が行われた場合、または締約国の国民が罪を犯した場合、安全保障理事会が付託した場合等である。

３　国際刑事裁判所を文脈のなかに位置づける

それでは、ＩＣＣを二つの文脈のなかに位置づけてみたい。ＩＣＣという特定の分野におけるこれまでの進展という文脈、および同じような目的（過去の犯罪への対応、将来の犯罪の防止）で国際的に行われてきた他の活動という文脈である。

紛争やジェノサイドの歴史については、本書第１部において議論されている。二〇世紀は想像を絶するような残虐行為に覆われてきたが、国際的な対応を通して犯罪者に罰を科そうとする動きも生まれ始めた。国際的な人道法は、長い間国際的な強制メカニズムを備えていなかった。ニュルンベルクや東京での裁判以来、（国際社会における）最上位の規準に従って全世界の人々の責任を問う裁判所を設けようとする人たちが出てきた。しかし、国際社会が旧ユーゴスラビアやウガンダで目撃した恐ろしい紛争に対処するためにこれらの地域を対象とした臨時裁判所を設けたのは、一九九〇年代になってからのことであった。こうした犯罪を訴追しようとする努力は、ほかの種類の裁判所やパネルの設立にも見ることができる。しかし、管轄権が特定の問題だけに限られることをはじめ、臨時裁判所に限界があるのは明らかであった。そこで、国際社会は、世界各地の最も重大な犯罪に効果的に対処できる常設国際刑事裁判所の必要性を認識した。

ローマ会議の終了時にローマ規程が採択されたことは、感動的かつ偉大な成果であった。平和という理想の下での長年の努力が実ったのである。ローマ会議の参加者数からもわかるように、これはほとんどすべての国が共有するビジョンであった。平和構築のシステムという課題を考える上では、ローマ規程の前文はＩＣＣを適切な文脈に位置づけている。そこでは、国際社会がＩＣＣの設立を通して平和な世界に向けた一歩を踏み出すとしている。

4 相互依存関係とその課題

ＩＣＣと各国の刑事訴訟手続との間にはどのような関係があるのだろうか。各国は国内での訴追についてどのような義務を負うのであろうか。また、ＩＣＣに対してはどのような義務を負うのであろうか。各国の訴追とＩＣＣでの訴追は、どのように補完し合うのであろうか。ＩＣＣは、ほかの国際機関や裁判所との関係でどのような役割を果たすのであろうか。

こうした質問は、すべて一つの決定的事実から生じている。ＩＣＣは国際社会からの支援を受け、国際社会に組み込まれなければ単独で存続することはできないという事実である。こうした支援がなければ機能することができないのである。ＩＣＣの設立が偉大な成果であることはすでに話した。長年に及ぶ努力や厳しい交渉、また、若干の妥協のたまものである。しかし、ＩＣＣは締約国によって設立された機関であり、その目的や権限も同じく締約国に制約されている。壮大なビジョンや遠大な目標を抱えているＩＣＣが成功を収めるためには、各国もそれぞれの義務を果たさなければならないのである。

平和構築やグローバル・ガバナンスに対する国際刑事司法の貢献という点では、さらなる犯罪の防止や平和への貢献を目的としたこれまでの活動と比較すると、ＩＣＣには異なる点がある。ＩＣＣは常設機関で、普遍性を確保することを目的としている。国際社会は恒久的な平和に貢献する義務を負っているが、ＩＣＣはその日常的な活動だけでなく、より広範囲な「政策的」意味合いでも、様々な方法で存在感を発揮している。

日常的な活動という点では、ＩＣＣは各国の協力に依存している。ＩＣＣには警察力はなく、刑務所もないため、その日常的な活動では各国の協力が必要になる。この件については、まず裁判所規程の第九部でいう意味の「協力」について紹介したい。一つは特権と免除に関するもので、もう一つは補完性の原則に定められた意味での協力である。

特権と免除に関しては、ＩＣＣは事案や状況の捜査段階と審理段階だけでなく、「訴訟後」の段階でも各国に依存している。ＩＣＣは二〇〇四年七月二二日に発効した「特権および免除に関する協定」の批准や加盟でも、各国に依存している。これまでに批准した国は二二か国にのぼる。

補完性の原則に定められた意味での協力に関しては、ＩＣＣの構想にはＩＣＣ犯罪の国内訴追も含まれていた。これは犯罪の裁判は原則として各国の裁判所で行われることを意味する。こうした点に照らすと、「免責に終止符を打つ」ための最後の手段として単一の最終手段（ＩＣＣ）を設けるという考えには、限界があることが明らかである。したがって、「免責に終止符を打つ」ためには、国自身がＩＣＣ犯罪を訴追する形で協力することが大変重要である。

各国が前述のような方法でICCと協力するには、各国ともそれを行えるような状況になければならないが、すべての国がそのような状況にあるわけではない。そこで、ICCとの「第二の協力」や「第三の協力」と呼ばれる形の協力が存在する。なかには関連する実施規則の採択などを通して、ICCを支援する用意や、ICCの管轄権内での犯罪を自身で裁く用意を整えている国もあるが、そうではない国もある。関連する実施規則が採択されていなかったり、ICCと協力できるように国内法が調整されていなかったりすることがその理由である。また、締約国になっていない国や、「特権と免除に関する協定」の批准やそれへの加盟を行っていない国もある。もう一つの協力、すなわち「ICCとの第四の協力」は、ICCの管轄権の発動メカニズムに関係する。ICCの管轄権は国からの付託によって発動できるため、これも基本的な協力の一つであるとみなすことができる。

したがってより広い意味でとらえれば、ICCが各国との関係で世界的な秩序という文脈のなかで占めている位置を理解できるであろう。ICCは単独で達成できる壮大な構想をもつ孤立した機関ではない。したがって、ICCのメッセージを適切に伝え、その任務を達成できるようにすることが重要になる。そのためには、ICCについての理解を深めることが急務になる。締約国はほぼ一〇〇か国にのぼる。かなりの国が短期間で締約国になったが、それでも十分ではない。ICCが締約国、政府間組織、非政府組織の念頭におかれ、それらからの協力を得るためには、すべての国によるローマ規程の批准を長期的な目標としなければならない。

ICCと各国との関係という問題を見てきたが、ICCはより広範囲に各国との関係を規定する必要もあると気づかれた方もいるだろう。この一例として、継続的な和平プロセスの分野における両者の関係がある。

ほかの国際組織や国際機関に対するICCの役割では、「国際的な法的能力」をICCに与えたローマ規程の第四条が重要になる。各国との関係の場合と同じく、ICCはほかの国際組織、国際機関、裁判所との関係を規程する必要もある。ＩＣＣは、国際的な局面で単独で行動することはできない。ローマ規程の第二条では、国連との協定を結ぶことが義務づけられているが、この協定はＩＣＣ所長と事務総長によって二〇〇四年一〇月四日に署名された。ＩＣＣと国連との関係の側面には、安保理が事案をＩＣＣに付託できることがある。これはＩＣＣの管轄権を発動させる三つのメカニズムの一つである（そして、このメカニズムが利用されるものと期待されている）。また、訴追の捜査の猶予を定めた国連憲章第七章の決議に基づいて、安保理が行動する権限もある。ローマ規程の第一六条は本件との関連で、「安全保障理事会が、国際連合憲章第七章に基づき採択した決議において、裁判所に対して捜査または訴追を開始または進行してはならない旨要請した場合には、一二か月の間この規程に基づくいかなる捜査または訴追も開始または進行させてはならない。当該要請は、同一の条件に従って安全保障理事会が更新することができる」と定めている。こうした安保理の権限は、非常に一般的なレベルのものであると言えるであろう。安保理はＩＣＣの訴訟には関与しない。

ＩＣＣの任務の達成では、非政府組織の役割も重要であると考えられる。

総合的にとらえてみると、ＩＣＣは壮大な任務を与えられてはいるものの、あらゆる方面からの期待を完全には満たしきれないと認識する必要がある。ＩＣＣは、国際社会全体が懸念する重大な犯罪を行う人たちの免責に終止符を打つことを目的とした大規模なシステムの一部であり、そのシステムのなかで重要な役割を果たしている。しかし、ＩＣＣ単独では免責に終止符を打つことはできない。重要なのは、ＩＣＣが与えられた任務をまっとうすることであり、そのためには各国がローマ規程を批准し、適切な実施規則を採択し、国内法を調整し、ＩＣＣと協力する必要がある。

しかし、各国がこれを行いＩＣＣが首尾よく貢献できるのは、ＩＣＣが外部世界の厳しい監視に耐えた場合、かつ公平性、独立性、プロ意識についての高い基準を守った場合だけに限られる。ローマ会議では、ＩＣＣがどのように機能するかについて様々な懸念が出されたが、ＩＣＣは期待通りの働きをすることができると私は考えている。ローマ規程にはこうした懸念を払拭し、ＩＣＣを信頼できる裁判所にするための様々な制限や安全策が盛り込まれている。

第一は、管轄権に関する要件と補完的制度である。これらはどちらもＩＣＣの行動基準になっている。

第二は、裁判官個人の役割である。ただし、平和構築プロセスにおいて裁判官が果たす個人の役割は、最終的にはＩＣＣ自体が果たす役割に包含されることになる。

第三に、ＩＣＣを特別なものにするその他の制限や特性に目を向けてみると、検察官が自発的に捜査を開始する場合は、予審部の許可が必要だとされていることに気づく。これは、検察官が政治的な動機から捜査に着手することを防ぐ「チェック」の一例だと見ることができるであろう。

第四に、「無罪の推定」をはじめ、被告の権利についての条項もある。

第五に、ＩＣＣのスタッフの採用では、ＩＣＣは世界の主な法制度が確実に代表されるようにするという考えを掲げている。また、スタッフの出身地の地理的分布や男女構成の決定も、公平に行われる。このように、ＩＣＣは真の意味での「世界的な裁判所」になるべく、世界全土から専門家を採用している。

最後になるが、ＩＣＣの採用した画期的な制度を一つ紹介する。それは「被害者の果たす役割」である。具体的には、被害者も訴訟に参加して損害賠償を求められることである。被害者は単に裁判や抗弁の証人として出廷するだけでなく、それとは違う方法でＩＣＣの活動による恩恵を受けることができるのである（詳細については、本書第2部第10章を参照のこと）。

意見の対立が解消されていない分野もある。各国はローマ規程に賛同してＩＣＣを設立はしたものの、まだすべてが合意に達したわけではない。ＩＣＣが管轄権を有するローマ規程に定められた犯罪（ジェノサイド、人道に対する罪、戦争犯罪）の場合、こうした犯罪やその他の指定犯罪を対象に含めることについては最終的に合意されているが、まだすべてが合意されたわけではない。侵略の罪はニュルンベルク憲章では「平和に対する罪」として認められており、いずれはＩＣＣが管轄権を持つようになる犯罪だと見られているが、未だその定義が定まっておらず、各国がそれについて合意するまでは、ＩＣＣはこの犯罪に対する管轄権を行使できないことになっている。

もう一つのポイントは、一部のテロ行為は人道に対する罪、戦争犯罪、またはジェノサイドといった犯罪の範疇に入るのではないかという議論があるにもかかわらず、ローマ規程にはテロ犯罪が含まれていないことである。世界の趨勢はここ数年間で変化したようだが、ローマ会議がこの時期に開催されていたとしたら、事態は違ったものになっていたのではないかと見る向きもある。

いずれ、広く多くの国が批准することによって、ＩＣＣの世界的な正統性が受け入れられたことが証明されるであろう。各国がＩＣＣへの参加意思や支援意思を表明することは、ＩＣＣの目的や機能が認められたことを意味する。ＩＣＣはまだ活動を始めたばかりだが、今後もその活動を続けていくのは確かである。二〇〇九年に初の会議として予定されている再検討会議は、ローマ規程が時の経過とともに必要となる見直しや修正に対して、開かれていることを確認するものとなるであろう。

５　結　論

結論に先立ち、法の支配に関する事務総長の報告に記された文言を紹介したい。この報告では次のように記している。「正義や法の支配を推進しようとする国際社会の長年の活動において、最近見られた最も重要な進展は、ICCが設立されたことである。ローマ規程が発効したのは二〇〇二年七月一日になってからだったが、ICCは、犯罪を行う可能性のある人たちに対して、免責は受けられないと通告することによって、すでに重要な影響を与え始めており、重大な国際犯罪に対する国内法を制定するための触媒としての役割も果たしている」。

国際社会は、これまで紛争や残虐行為に対応する用意があることを示してきたが、現在では、単に残虐行為に対応するだけでなく、それを防止する意志のあることも示している。平和構築の基盤となる活動、国レベルで行われている活動、国際的レベルで行われている活動をはじめ、世界各地で行われている様々な活動をまとめ、それを世界的な文脈のなかに据えることは大変重要である。

苦しみを受けた人たちや、また、今現在も苦しみ続けている人たちにとっては、単なる謝罪が十分な対応にならないことは誰もが知っている。ICCはこうした釈明を過去の遺物とするための一歩なのである。

第13章　国際刑事裁判所設立におけるＮＧＯの役割

フィオナ・マッケイ（五十嵐元道・訳）

１　はじめに

近年ますます影響力をもってきたグローバル・ガバナンスの一側面である、ＮＧＯの役割について、私自身の経験に照らし合わせて話をしたい。そこで私はとくに、国際刑事裁判所（以下、ＩＣＣ）の設立においてＮＧＯが果たした役割という文脈に注目するつもりである。その経験からいくつかの結論を導き出し、ＮＧＯが平和構築において潜在的にどのような役割を果たしうるのか、という結論を引き出そうと思う。

私はあるＮＧＯで（ＩＣＣの設立に向けた）ローマ規程と規程採択後に交渉される証拠・手続きのルールに関する、五年間にわたる予備的な交渉に関わってきた。このＮＧＯはRedressという団体で、人権が著しく侵害された被害者の法的な救済と賠償を求める権利の促進を活動の目的としている。我々がこのＩＣＣの交渉に関わった目的は、ＩＣＣ

の権能として、被害者に対する賠償を取り上げてもらう、ということだった。現在、私はＩＣＣに勤務している。しかし、これから申し上げることは、あくまでも私個人の資格で述べるのであって、決してＩＣＣの見解を代表するものではない。

２　ＩＣＣ設立過程におけるＮＧＯの役割

周知のように、これまで様々なＮＧＯがきわめて積極的に人権の侵害について追及してきた。例えばアムネスティ・インターナショナルなどの団体が行ってきた、国際的なレベルでの大変すぐれた仕事を思い起こすことができるに違いない。また、きわめて多くの国内ＮＧＯが様々な残虐行為の書類を集め、監視活動を行い、それを告発してきた。多くの場合に自らリスクを負いながらも、彼らは被害者を支援しようとしたのである。そして、ＮＧＯは様々な手法を活用している。違反などの記録を取ったり、報告書を発表したり、プレスリリースを出したり、アドボカシー・キャンペーンを展開したりしている。その対象は、自国の政府やより幅広い国際社会の関係者である。そして彼らは、時に被害者に対して直接救済を求めるべく支援をしてきた。したがって、このようなＮＧＯが残虐行為への免責に抵抗することを目的とした制度の設立努力の先頭に立っていたということは決して不思議なことではないと言える。

人権関連のＮＧＯは一九八〇年代以降、免責を与えることが暴力行為を終息させるための最大の障害の一つであると捉えてきた。また、彼らは免責に抵抗するための制度の設立に関心をもっていたが、制度がどのようなものになるべきかをめぐっては、しばしば多くの政府とやや違った視点をもっていたのである。例えばＮＧＯであるならば、より独立指向の制度、すなわち、国際・国内を問わず、政治の圧力に屈従しない制度を求めていたし、地元のコミュニティや被害者のニーズに応えることができるような制度を主張していた。さらに、NGOが現に活動している社会に対して、現実的に和平と癒しに貢献できるような手段をその制度に与えたいと考えていたのである。

それでは、もう少し具体的に、ICCの設立においてNGOがどのような役割を果たしたのかについて話したい。第一に、この一連の交渉がいったいどのような背景のもとに行われたのか、ということについてである。この交渉は何年かにわたって行われ、そこで非常に活発な議論がなされた。二〜三週間かかるセッションが年に三回ほどあり、セッション間の会合ももたれた。このセッションの間に国連のホールに外交官、政府の法律専門家、そしてNGOが一堂に会したのである。この期間、文字どおり何百ものNGOの代表者が世界各地から集まっていた。彼らは広範囲にわたるNGOから参画していたが、典型的には人権関連のNGO、弁護士の連合会や学術的な法律関係の諸機関、さらに被害者の利益を代表する団体などであった。もちろん、正式な代表団としてNGOが参画することはできなかったが、オブザーバーとして参加することはできた。そして、政府の代表団とは実際にセッションの前後、廊下やカフェテリアなどで直接話し合うことができたのである。

それではこの時、NGOはどのような業績を上げ、どのような影響力を及ぼすことができたのか。まず、NGOは恒久的なICCの設立を国際的な課題とするうえで、大きく貢献したと思う。また、まさに主権を侵されてしまうといった国家の懸念に対して、道義的な義務を前面に打ち出すことができたのも、NGOのおかげだったと思う。すなわち、この条約を受け入れる際の勢い、はずみというものをNGOが守ることができたのである。ローマ規程は、国際条約の水準で言えば非常に短期間のうちに締結することができた。そして条約が締結されたあと、NGOは署名そして批准を唱導する国際的なキャンペーンを打ち出して、四年のうちに（六〇か国以上の批准によって）この条約を発効させることを促したのである。これも国際条約という水準から言えば、驚くほど短期間に発効したことになる。

第二に、ＮＧＯは条約そのものに加え、その他の法律的な文書にも影響を及ぼすことができた。その一つの例として挙げられるのが検察官の独立した役割であり、もう一つが、管轄にかかる発動メカニズムである。ＮＧＯとしては、ぜひ検察官が独立でなければならない、できる限り国際政治に左右されるべきではない、と考えていたのであった。したがって、ＮＧＯは積極的に働きかけて、国家ないしは国連安保理による付託だけではなく、検察官があくまでも自分のイニシアティブで捜査を開始できる可能性を残そうとした。

また、ＮＧＯとしては死刑をローマ規程からぜひ排除してほしいと考えていた。これについても相当議論をたたかわせることになった。というのも、いくつかの国家が、裁判所の下すことができる判決のうちに死刑を入れることを重要視していたからである。しかし、ＮＧＯはこれと頑強に闘い、最終的には認められたのである。

さらに性的な犯罪を裁判所の管轄における犯罪リストの中に加えるということについても、ＮＧＯは大きな影響力を発揮した。非常に積極的なＮＧＯのグループとしてWomen's Caucus for Gender Justiceという団体があり、この団体がローマ規程において性的な犯罪を犯罪リストに含むべきであると、きわめて強く主張したのである。そして最後に私は、ＮＧＯが被害者に対する救済、そして賠償についても影響力を発揮したということを話したい。ただし、これについてはまたのちほど触れることにする。

では、なぜＮＧＯがこれだけ影響力をもったのか。第一に、大変組織立っていたことが挙げられる。ローマ会議の際には、八〇〇ものメンバーが加盟していたＮＧＯ連盟の保護のもとでＮＧＯは活動していた。この連盟はＮＧＯの参画を促し、世界各地のＮＧＯが積極的に参画できるようにし、さらにＮＧＯの活動を調整したのである。第二にＮＧＯは（ＩＣＣ設立に関する）唱導をただ単に原理・原則にとどめなかった。国際法や、比較法、実務、そしてその他の幅広い領域に関して彼らのもっている専門的ノウハウを提供したのである。彼らの多くが国家の代表団と共に、技術的なレベルで条約の原文の細目に携わったのだ。ＮＧＯはまた、研究報告なども作成したし、国家の代表に対しての積極的なブリーフィングも行った。また非常に興味深かったのは、ＮＧＯが本来ならば交渉上で積極的な役割を果たせないような立場にある国家を支援する役割を果たしたことである。とくにこれは小規模国家や途上国など、他国と比べて自国政府の法務部門に幅広い法律の専門家が少ない国家に対して行われた。

ＮＧＯのこういった交渉上の関与に対しては、政府の関係者もきわめて高い評価を寄せている。ＮＧＯに懐疑的だったり敵対的だったりした国家の数は非常に少なかった。そして、当初懐疑的・敵対的であった国家のいくつかも、実際にＮＧＯと議論することに慣れていなかっただけで、交渉の中でＮＧＯが果たしうる建設的な役割を理解するにつれて、立場を変えていったのである。

そしてもう一つ、ＮＧＯが、交渉にかかわる情報を市民社会のネットワークやメディアなどを介して社会へ発信したということは重要だった。そうすることで、交渉の内容を部外者でもきちんとフォローできるようにし、高い透明性を確保することを促した。その結果、政府関係者は交渉が行われた会場内はもちろん、それぞれの自国内からも精査を受けていると感じたのである。

３　ＩＣＣにおける被害者救済

それでは、その他の国際法廷とＩＣＣの場合は何が違うのか。すでに述べたとおり、新しい面の一つは、被害者が一賠償を求めたり訴訟手続に参加したりできるようにしたことである。これは交渉の中で決して順調に進んだものではなかったし、いくつかの国家が当初懐疑的だった。一部で法文化の衝突があったのである。例えばある国では、国家レベルで被害者が刑事訴追で役割を果たすケースもあったが、他方で、とくにコモンロー体系の国においては、被害者の関与というものはほとんどなかった。

けれども交渉の中で、あるコンセンサスが生まれた。そもそもこのような犯罪に対応するべくＩＣＣは設立されたのであり、できる限り和解と平和と追求することが目的なのであるから、刑事訴追における被害者への救済を否定することはできないというコンセンサスである。ＩＣＴＹ（旧ユーゴスラビア国際刑事法廷）、ＩＣＴＲ（ルワンダ国際刑事法廷）に関しては、被害者たちは彼らの名でなされた司法正義から距離を感じ、阻害されたと感じているとの批判がすでになされていた。そもそも司法正義は、社会において本当に実効性をもちうるのか。問題はまさにこの疑問の核心へと迫ることになる。すなわち、司法正義が将来に向けた積極的な平和構築をどれだけ伸長するか、という問題である。そして、刑事訴追の適切な段階で被害者に発言権を与えることができれば、おそらくＩＣＣのそもそもの設立目的を達成するうえで大変有益だと、交渉を行っていた人々は考えるようになった。

4 おわりに

それでは結論に入りたい。私はここで、効果的な平和構築のシステムに寄与するＮＧＯの価値に関して、これまで概説してきたことから少々広範な結論を引き出したいと思う。まず付言しておきたいのだが、ここまでＩＣＣの設立におけるＮＧＯの役割について述べてきた中で、私が注目したのは女性の権利、児童の権利などの支援団体などとともに、もっぱら自らを人権団体と見なしているＮＧＯであった。これに対して、開発や人道関係などその他の分野のＮＧＯの参画は相対的に少なかった。このことはＩＣＣの発足におけるＮＧＯの役割の一つの弱点と言えるかもしれない。ＩＣＣが発足し、活動している今、このことが是正されるよう期待している。

最後に、ＮＧＯ全般の特質について触れて締めくくりたいと思う。すなわち（これから述べる）以下の特質があるがゆえに、ＮＧＯは正義の制度の創造と良き実践を促進することによって平和構築に資することができるように思われる。

第一に、ＮＧＯはビジョンを変えるうえで常に責任をもって関与している。要するに、常にＮＧＯは長期的な展望に立っていて常に新しい解決策を求めているのである。例えば、ＮＧＯがＩＣＣの任務の拡張をどのように推進していくのかなど、興味深く見守りたいところである。また、ＩＣＣの交渉に関わったＮＧＯ、とくに人権関連のＮＧＯが、ＩＣＣの管轄の中に「侵略の罪」まで含むことについてあまり関心を寄せていないことも興味深い点であり、これが今後変化するのかどうかも見守っていきたい。また、ＮＧＯは裁判所に対して常に高い基準を期待するだろう。つまり、発足の際に立てられた目標の達成を求めるのである。

第二に、ＮＧＯは大変専門的で洗練された手段をもっている。これによって、より影響力を行使することができるのである。それがＩＣＣにかかわる交渉の中でいかに発揮されたかは、本論で示したとおりである。

第三に、ＮＧＯは国境を越えたネットワークを整備し、その連帯を通して共通の関心を追求しようとしてきた。

第四に、ＮＧＯは長期的な視野に立っており、地元の人々と大変近い関係にあるために、残虐行為がどうして発生してしまったのかをより理解している。そしてＩＣＣのような機関が本当の意味での平和構築においてどの程度効果的になりうるのか、ただ単に紛争の症状のみに対応するのにとどまってしまうのか、彼らはよく見ているし、より深い構造的な問題に迫ろうとしているのである。

最後に、ＮＧＯは幅広いノウハウと経験をもっている。加えて、柔軟な姿勢で臨むことができるために環境の変化にも対応することができるのである。もちろん、すべてのＮＧＯが今述べたようなすべての資質をもっているわけではない。当然格差はある。しかし、ＮＧＯがいかに平和構築に寄与する潜在的能力をもっているかを、私の見た限りで理解してもらうために、以上のような特質について触れた次第である。

第14章　平和構築機関としての国際刑事裁判所

篠田　英朗

本章は本書の構成に配慮して、平和構築における国際刑事裁判所（以下、ＩＣＣ）の役割に焦点をしぼって議論を進めてみたい。ただし本章の目的は、ＩＣＣの国際法学における意義などについて詳述することではない。むしろ、ＩＣＣが内包する可能性と限界について、政治的な視点で考察することを試みる。その際に、「強制執行（enforcement）」と「能力強化（empowerment）」の二つを、鍵になる概念として特筆してみたい。この二つの問題に対してＩＣＣがもつ意味が、平和構築におけるＩＣＣの役割について考察するための糸口になるはずだからである。

1　平和構築とＩＣＣ

ＩＣＣが、国際社会による平和構築のあり方に大きく関わるものであることに間違いはない。地域紛争の現場とは、国際人道法違反である戦争犯罪が頻発した場所であり、そのような犯罪行為の責任を問うための国際的な制度を用意することは、きわめて妥当であり重要なことだからである。しかし当然のことながら、どんなに重要な制度であっても、実際に有意義な形で機能するかどうかはわからない。平和構築の目的のためにＩＣＣが機能するかどうかは、単にＩＣＣが組織として円滑に動くかどうかだけに関わる問いではなく、より本質的な問いでなければならない。

筆者はこれまでにも何度か、国際的な戦争犯罪裁判の可能性と問題点を議論の対象としてきた。そこで筆者が用いた概念枠組みは、例えば「正義」と「平和」の関係についての「調和的」立場、「対立的」立場、「条件的」立場を区分けして分析することなどであった。[1] しかしこのような原理的な概念枠組みとは別の次元で、既存の平和構築活動との関係において、ＩＣＣの機能を精査することは可能である。「強制執行」と「能力強化」の視点は、そうした精査を行うための見取り図を提供するものである。

およそ裁判所として機能し、裁判所として平和構築の戦略の中に組み込まれるのであれば、ＩＣＣには何らかの強制執行の要素が含みこまれていなければならない。強制執行の要素がなければ、仮に規範的な意味はもちえたとしても、裁判所としての機能は果たしえないからである。しかし国連憲章七章の「強制措置」の権威をもつ旧ユーゴスラビア国際刑事法廷（ＩＣＴＹ）やルワンダ国際刑事法廷（ＩＣＴＲ）の場合とは異なり、多国間条約によって成り立っているＩＣＣには、両者の権限に類似した強制的権限を行使することはできない。そこで強制執行が求められる場面で、ＩＣＣに何ができるのか、どのような政策的オプションをとりうるのかが問われることになる。

また平和構築の成功にあたっては、現地社会による持続的な政治社会システムの維持が不可欠になる。国際社会による努力はすべて、現地社会による継続的な平和構築の営みとの連続性がなければ、水泡に帰すると言っても過言ではない。しかし特定の地域に制度的に焦点をあてることを予定して設立されたわけではないＩＣＣには、個別の地域の実情に即して現地社会の能力強化に配慮していくためのメカニズムが備わっていない。そこで、ＩＣＣの活動を長期的な能力強化策の中でどう位置づけるか、という平和構築の戦略上の問題が提起されることになる。

２　平和構築の法の支配アプローチ

こうした問題意識が強調されている重要文書の一つは、「紛争中あるいは紛争後社会における法の支配と移行期の司法」という題名で二〇〇四年に公にされたコフィ・アナン事務総長（当時）の特別報告書である。この報告書の中で、アナン事務総長は次のことを述べている。「紛争直後の平和構築と長期的な平和維持をしていくためには、苦しみの救済が、紛争の平和的決着のための正当な制度と公平な司法行政によって確保される、ということを人々に確信してもらわなければならない。そして、平和と平和構築が根づくためには政治的な問題、例えば民族差別、富や社会サービスの不平等配分、そして権力乱用や財産権や市民権の否定や、国家間の領土紛争といったようなものが、正当かつ公平に処理されると人々に認識してもらわなければならない」[2]。

アナン事務総長にとって「法の支配」とは、平和構築の戦略において鍵となる概念であるが、それは筆者が別の機会に「平和構築の法の支配アプローチ」と呼んだ戦略的発想と相通ずる[3]。アナン事務総長がＩＣＣに言及し、一定の支持を与えるのは、あくまでもそうした文脈においてである。

「平和構築の法の支配アプローチ」を導入することによって、ＩＣＣの平和構築における位置づけを整理することもできる。ＩＣＣは、本来は、そして第一義的には、法的機関である。しかし紛争地・紛争後の社会における戦争犯罪の処罰というＩＣＣの活動内容は、ほぼ必然的に高度に政治的な含意を帯びざるをえない。そのような政治的効果を考慮しながら活動しなければならない法的機関であるＩＣＣを、平和構築の戦略の中で体系的に位置づけるためには、例えば「法の支配アプローチ」のような視点が必要となる。機械的に政治と法とを分離してしまうことなく、ＩＣＣのような法的機関の活動の政治的含意を把握するためには、多様な諸機関に体系的な役割を与えることを可能にする「平和構築の法の支配アプローチ」のような見取り図が有益なのである。

今日、我々が「平和構築」について語るとき、通常は現代世界で多発している地域紛争後の社会に、安定的で平和な社会をつくり出すことを、その目的として想定する。つまり武力紛争を経験した社会が再び武力紛争の状態に陥らないようにすることが、平和構築の目的となる。国際社会は、伝統的には、平和維持部隊などを派遣して、紛争問題に対応してきた。しかし平和維持活動だけでは、永続的な平和をつくり出すことはできない。そこで平和構築と分類される活動を通じて、現地社会の人々の平和に向けた努力を支援する体制を整えることが求められる。なぜなら、結局はそこに住む現地社会の構成員自身が、自らの社会の永続的な平和を確立していかなければならないからである。

司法機関は、平和構築に向けた現地社会の体制づくりの一つの要となる部分である。現地社会における中央政府などの公的機関の正当性と実効性を高めることは、今日のほとんどの平和構築活動で喫緊の課題となっているが、その中でも司法機関の充実はきわめて重要度が高い分野である。既存の司法機関の改革という形で平和構築の方策が追求される場合も少なくないが、実力不足や不適切性の程度が目に余る場合には、国際社会の「司法介入」が検討されることになる。ＩＣＣの関与が求められるのも、基本的にはそうした場合である。

しかしＩＣＣの関与が複雑な様相を呈するのは、ＩＣＣの管轄権が事実上、ローマ規程に加入した諸国の領土内だけに限られるためである。これまでＩＣＣの検察官に捜査を依頼したウガンダやコンゴ民主共和国の例を見ると、中央政府が自国領土内の反政府勢力の犯罪をＩＣＣの捜査対象にすることを求めている。つまり当該国の中央政府が、反政府勢力の犯罪行為を糾弾し、取り締まるために、ＩＣＣの国際的権威を求めているのである。ＩＣＣは純粋に介入主義的な機関ではなく、純粋に非介入主義的な機関でもない。ＩＣＣの「多国間主義」がもつこのような二面的な性格は、「強制執行」と「能力強化」の二つの角度から、さらに検討していくべきものである。

3　強制執行

ＩＣＣは、多国間条約にもとづいて設立されたものであるがゆえに、それ自体としては、強制執行の権限をもっていない。多国間条約という国際立法の基本にのっとった方法は、多くの国際法学者が望んだものであった。しかし結果として、国連憲章七章の「強制措置」の権限をもつがゆえに、ＮＡＴＯ軍を動員してまで被疑者の拘束に奔走したＩＣＴＹや、周辺諸国による被疑者の逮捕を促したＩＣＴＲの事例とは異なり、ＩＣＣは強制的に自らの判断を執行する方法をもてないことになった。国連憲章七章の裏づけをもたない東ティモール特別法廷やシエラレオネ特別法廷が、インドネシアに逃れた被疑者や、ナイジェリアに逃れた被疑者の逮捕・移送を要請する権限をもたないために直面したジレンマに、ＩＣＣは直面することになるわけである。

ＩＣＣに捜査を付託する政府は、自国領土内では排他的管轄権をもっているはずであり、したがって授権されて捜査を行うＩＣＣが、自ら強制執行の権限をもち持つ必要はないという議論も成り立ちうる。しかし、そもそも自国の領土内であっても完全に犯罪捜査が実施できないがゆえにＩＣＣの関与を求めるのであり、排他的管轄権は理論上のものにすぎない。まして反政府勢力側から見れば、政府側がもつ国際法上の権威は、認めることができないものでしかない。また逆に、政府側が事態を自らだけで掌握できると判断するときには、政府側はＩＣＣの活動に大きな期待を寄せないであろう。反政府勢力の戦争犯罪のＩＣＣによる捜査を歓迎する政府も、政治情勢の変化によって反政府側との和平合意が成立した際などには、態度を変えるかもしれない。そのようなときＩＣＣは政府側の協力なしに活動しなければならないような状況に、つまり強制的な措置に訴えることができない致命的な状況に追い込まれる。いずれにせよ内戦状況において政府側は紛争当事者の一つでしかないにもかかわらず、ＩＣＣは既存の国際法の概念枠組みに固執して、無条件に政府側だけと協力しなければならないような仕組みをもってしまっている。伝統的な国際法の立法原則にしたがった多国間条約にもとづくＩＣＣは、実際には現代世界の紛争状況と乖離した活動の枠組みを自らに課してしまっているのだとも言える。そのことがもたらす限界の中で、ＩＣＣは活動し続けなければならない。

4　能力強化

現地社会の能力強化が平和構築の成功の鍵であることは、広く認められている。したがって現地社会に根ざした持続可能性の高い司法システムをつくり上げることができるかどうかが、平和構築の成否を握る要素の一つとなる。そこでアナン事務総長は次のように述べた。「効果的で持続可能なアプローチは、現地社会の必要性と能力を徹底的に分析することから始まる。……究極的には、いかなる法の支配改革、司法制度再建、あるいは移行期の正義の問題は、外部から押し付けられた場合には、決して成功することはないし、持続性もない」。アナンによれば、いくつかの国際法廷の試みは「高くついたが、司法行政のための持続可能な現地社会の能力形成にほとんど貢献しなかった」。したがって必要なのは、「現地社会構造の国際的代替物を作り上げることではなく、現地社会の司法能力を高めるための支援をすることである」。

ＩＣＣは、各国の国内制度の有益な代替物となることが期待されている。しかしＩＣＣは、それ以上の効果を平和構築の目的に対して与えるための戦略をもっていない。ハーグで国際職員によって運営されているＩＣＣが、現地社会に根ざした裁判所となることは、不可能である。結局のところ、ＩＣＣが能力強化の面で果たせる貢献の度合いは、中央政府を含む現地社会の諸組織がＩＣＣをどう利用できるかにかかっている。しかし、ＩＣＣのほうから積極的に現地社会の能力強化を目指した平和構築の戦略を練ることはできないわけである。ＩＣＣは不可避的に平和構築の政治的部分にかかわるが、しかしあくまでも法的機関としてかかわるのであり、その第一義的な役割が法的機関としての活動にあることは言うまでもない。法的機関としてＩＣＣは平和構築に重要な貢献をなしうるが、しかしＩＣＣの関与には法的機関として必然的に発生する制約がかかるのである。

５　ＩＣＣの戦略的理解

ＩＣＣの意義と限界を踏まえた上で求められるのは、各機関の特性を十二分に考慮した上で、平和構築の全体的な戦略を練っていくことであろう。したがってＩＣＣの役割は、例えば「平和構築の法の支配アプローチ」と呼ばれるものによって精査されなければならない。総合的な調整メカニズムは、平和という政治的な価値の実現を目的とする「平和構築」の枠組みがあってはじめて機能する。ICCは特異な法的機関であるが、そのこと自体は何らICCにとって問題視すべきことではない。ただ、いかにすればICCをより広範な「平和構築の法の支配アプローチ」戦略に組み込むことができるかは、個々の事例に対応した慎重な熟慮の上で、総合的に判断していくべき問題なのである。[4]

注

1 Hideaki Shinoda, 2002, "Peace-building by the Rule of Law: An Examination of Intervention in the Form of International Tribunals," *International Journal of Peace Studies*, Vol. 7, No.1 および、篠田英朗「平和構築と国際刑事法廷――人道的介入としての国際司法介入」広島大学総合科学部紀要Ⅱ『社会文化研究』第二七巻、二〇〇一年参照。

2 Kofi Annan, "The Rule of Law and Transitional Justice in Conflict and Post-conflict Societies," UN Document, S/2004/616, 3 August 2004.

3 篠田英朗『平和構築と法の支配――国際平和活動の理論的・機能的分析』(創文社、二〇〇三年)。

4 本章はICCの問題点を照射する作業を行ったが、これはあくまでもICCが持つ制約を戦略的視点の中で理解すべきことを唱えたものにすぎず、必ずしもICCという機関が設立されたこと自体の価値に疑問を呈するものではない。ましてさらに異なった観点から検討しなければならない日本のICC加入問題に、否定的な結論を導き出すようなものではない。

＊本章は、二〇〇五年三月に開催された会議における報告原稿に加筆修正を施したものである。

第15章　相克する「法」の支配——平和構築と国際刑事司法における教訓

寺谷　広司

Ⅰ　問題の所在

平和の構築は内戦・戦争後に国家が再建する際の第一の課題であり、一九九〇年代以降、民族紛争が頻発したポスト冷戦期にいっそう着目されるに至っている。のみならず、同時に急速に進んだグローバリゼーションによって、ある国家の破綻がテロや犯罪の温床となって広く地球全体に影響を与えることに鑑みるなら、グローバリゼーション時代の最重要課題の一つとも言える。そして、この平和構築において、法に期待される役割は小さくない。その役割を近時とくに強調していたのはアナン前国連事務総長であり、彼は二〇〇四年の国連総会演説で「法の支配」の重要性を強調し、その中で紛争・紛争後の社会における法の支配と移行期の司法の強化を自らに残された任期の優先課題だと述べた[1]。「法の支配」は平和構築にとって必要条件ではあっても十分条件ではなく、それを強調することが常に適切だとも言い切れないが[2]、国家を建設・再建していく過程で暴力に頼らずに計画的に秩序を回復していくあり方は、多くの局面で圧倒的に重要である。

しかし、「法の支配」として知られる原則は、ともすると様々な主義・主張が入り込むスローガン、自己の立場を正当化するときの錦の御旗となってしまう危険性をもっている。例えば、平和構築に関わる局面で、米国が国際法を尊重していないと頻繁に批判されるが、前記アナン事務総長の演説もイラク戦争等に見られる米国の単独主義的行動を念頭に置いてのことだったと考えられている[3]。他方で、米国にとってみれば当該軍事行動はイラクに大量破壊兵器を放棄させるため、イラク人民の解放のためであり、したがって、それはイラク人民に対してではなく法を無視する(lawless)為政者に対してであり、米国と同盟国は平和を脅かす無法な(outlaw)な体制を放置できないからだった[4]。つまり、多くの政治勢力にとって錦の御旗となっている法の支配について、そもそもそこでいう法とは何を指すのかについて争いがある。この争いを明確にし、「我々」が主張しているのがそもそも何なのかを知らなければ、「法の支配」は空洞化し、その御旗は煤けて放埒な暴力へとなびくだろう。

本章の目的は、「法の支配」にいう「法」を考察するために、平和構築の文脈に関して以下三つの対立軸を提示し、平和構築論の基礎作業に寄与することにある。また、国連による法の支配の強調がとくに司法を中心にしていることに鑑み、ここでも司法に焦点をあてる[5]。

2 「法の支配」における三つの対立軸

国際法解釈の争い（国際法 vs. 国際法）

第一の問題は、平和構築でいう「法の支配」における国際法がどのような内容なのかが、関係者間で対立していることである。例えば、国際刑事裁判所の管轄権をめぐる議論をとり上げるなら[6]、周知のように、米国は自ら当事国にならないのみならず、ローマ規程第九八条二項にいう二国間協定によってICCの活動範囲を実際に狭める政策を採っている。ここにはあたかも国連陣営と米国陣営が対立するかのような構図がある。この点、一般の米国批判に埋もれてあまり強調されないが、米国の行動が国際法の原則に反しているとは言い切れない。というのは、ICCの管轄を定める第一二条は、二項(a)で属地主義、二項(b)で積極的属人主義を採っている。とすると、仮に米国軍人がローマ規程締約国内でICCが対象とする罪を犯した場合、ICCは二項(a)に基づいて管轄権を行使でき、しかも、これは米国がローマ規程の当事国でない場合でも可能である[7]。これは条約の大原則である「条約は第三国を益しも害しもしない」という原則（ウィーン条約法条約第三四条）に反している可能性がある。逆に言えば、ICCの管轄権規定はそれだけ革新的なものであり、米国はむしろ条約法の原則を擁護していることになる。

もっとも、こと米国に焦点を当てるならば、旧ユーゴ刑事裁判所設立時の積極的態度、あるいはICCについても当初は積極的だったことを考えても、この政策が一国の立場として一貫しないと批判することもできる。詰まるところ自国だけが特別なのだと主張しかねず、米国自身の推し進めた自由や平等の理念とその普遍化が、まさにその理念を裏切る論理と共にあることになる[8]。この議論を認めてしまうなら、法適用の平等を一内容とする主権平等に根ざした国際法の基盤は崩壊しかねない。[9] 現に在る国際法は、一方で国際公益のために国家主権の縮減を求めつつ、他方で伝統的な主権原理を堅持していると言ってよいだろう。しかし、その上で、この原則をどこまで後退させるかについては、十分な見解の一致を見ていないのが現状である。

別の一層困難な例は、武力行使をめぐる国際法に関してである。一九九九年のＮＡＴＯによる旧ユーゴ空爆は、国際法上の正当化が非常に困難な例だった。[10] 国際法が許容する武力行使は、明文上、自衛権の行使の場合（国連憲章第五一条）と国連軍による場合（同第四二条以下）だけであり、実行上、安全保障理事会による多国籍軍への権限付与（例えば、湾岸戦争時の安保理決議六七八）が加わるだけである。旧ユーゴ空爆の際にはヨーロッパ各国と米国の政治的立場が異ならなかったためにイラク戦争のときのようには米欧間での緊張が生まれなかったが、もし「法の支配」を形式的に考えていくなら、この件について欧米間はいわば共犯であり、米国からすれば同様の動機で対処したイラク戦争に関してヨーロッパから批判されるいわれはないということになろう。平和構築の最初の段階である旧体制の破壊について、国際法の内容をめぐって原則同士が対立したり、曖昧であったりする。

国際法 vs. 国内法

第二の対立軸は、国際法と国内法の対立である。例えば平和構築過程で、旧体制の戦争犯罪人をどの法で裁くか。国際裁判所と国内裁判所の管轄が問題となる。今日の国際刑事裁判の活況は一九九三年設立の旧ユーゴ国際刑事裁判所を出発点とするが、これと翌年設立のルワンダ国際刑事裁判所は、国内刑事裁判所に対する優越が定められている（旧ユーゴ国際刑事裁判所規程第九条二項、ルワンダ国際裁判所規程第八条二項）。条約によって設立された常設のＩＣＣでは補完性を原則とし（前文、第一条）、管轄が競合するときに国内裁判所が優越するが、この場合でも国際裁判所が裁くこと自体には変わりない。

この点興味深いのは、国際的要素と国内的要素が混合した混合裁判所の存在である。これには、シエラレオネ特別裁判所やコソボ・パネル、東ティモール・パネル、カンボジア特別裁判部などがある。混合裁判所は裁判を（例えばハーグではなく）当該地域で行うことができ、技術的にもより容易である。他者ではなく自らが裁くことで正義を自らのものにでき、その後の統治にとって好ましいなどの利点がある[11]。ただし、これらは普遍主義から地域主義にわたる諸相の中で多様な展開を見せることになるが、この二つの要素の組み合わせ方は容易ではない。すなわち、一方で国家秩序が破綻していたり国内裁判所に任せたりしたのでは旧来の政治勢力が裁かれないような場合には、国際的要素を多くする必要が強く意識される。例えばカンボジアに国際法廷の必要が意識されたのは、クメール・ルージュの指導者の一人イエン・サリが一九九六年にカンボジア政府に投降しながらも、彼に恩赦が与えられたことが一因だった[12]。他方で、国際裁判所はそれ自体としては司法的な干渉なのだともいえる。これは米国がする場合だけでなく、国連がするとしても同様に、司法的な干渉となる危険性がある。主権独立は国際法の基本原則だとされ、その最も代表的な実体的規定は国連憲章第二条七項だが、この規定は直接的には国連と加盟国間を対象としており、国連の介入に対する国家の防御を定めている。

非当事者の法(droit, law) vs. 当事者の法(droit, right)

第三の対立は非当事者の法と当事者の法・権利の対立としてとり上げることができ、あるいは、秩序全体の利益と個別的利益の対立とも言い換えられる。この対立では、「当事者」とは被害者と加害者の二者がありうる。

直接当事者たる被害者にとって重大な関心は、加害者の処罰だろう。しかし、裁くのが国際法であれ国内法であれ、内戦・戦争指導者を当該地域秩序の安定のためにあえて処罰しないという判断がありうる。例えば、カンボジアの特別裁判部は混合裁判所の中でもとくに国内的要素の強い例だが、これはカンボジア政府が、クメール・ルージュへの処罰が投降した彼らを再びゲリラ戦へと向かわせる危険性を感じ、必罰傾向の強い国際裁判を避けたいがためだった。逆に言えば、直接当事者（被害者）の観点からの利益・権利・正義ではなく、カンボジア全体の国内秩序、非当事者の法的利益を優先させたと言える。また、古くは天皇の戦争責任が問われなかった東京裁判が例となろう。周知のように、キーナン検事は国務省、マッカーサー元帥から天皇の戦争責任が問題にならないよう指示を受けていた。[13] カンボジアの事例では非当事者の利益が第二の軸でいう国内秩序の優先という形で表れていたが、このケースはGHQという国際的な側が、さらに言えば、第一の対立軸でいうと、米国の利益をも示唆する形で表現された例である。また、この関わりで各種の真実和解委員会を位置づけうる。これは、権利や正義の発想を徹底させずに、むしろ秩序の安定を根拠に後退させて、和解という形で調整しようという試みだと言えよう。[14] さらに刑事裁判所における被害者への賠償（ローマ規程第七五条、手続証拠規則九四―九九）[15] や訴訟参加（手続証拠規則規則八九―九三）といった刑事的機能に留まらない規定もこの視点から説明される。

第三の対立は、直接当事者たる加害者との関係でも重要な問題となる。一般に、人権侵害を支持・実行した者が裁判にかけられること自体に疑問が差し挟まれることは稀である。しかし、裁判・処罰されるべきであることと、特定の機関にその正統性があるか、また、その権限を有するかは別問題である。廃止はされたものの、身柄の拘束なしに自国の普遍的管轄権を規定したベルギー人道法[16] はこれに関する原理的な挑戦だった。人権侵害者にセイフ・ヘブン（安全な逃げ場所）を認めないことは人権保障にとって重要だが、他方、そのプロセスにおける被疑者の人権も保障されなくてはならない。この点、そもそも国際法はどのような根拠で、個人を処罰できるのかを再考する必要がある。[17]

被害者の権利と加害者の権利は通常対立している。処罰やその根拠たる法は社会秩序全体の安定に寄与するものであるから、両者の権利の対立は法秩序全体の中で調整されることになる。

3　諸「法」の対立をどう受け止めるか

対立の諸相と不可避性

以上のように、「法の支配」といっても肝心の法内容に関して少なくとも三つのレベルで対立があり、個々具体的な事例・局面で一体どのレベルでの対立なのか、そして、それぞれの対立がどの対立と結びついているのかを丁寧に見ていくことが、事態をより精確に把握するためにまずは必要なことだと思われる。カンボジアの例は、第二、第三の軸が中心であって、大ざっぱに言えば、国際法をめぐる対立は前面には出ない。第二のレベルで国内法を重視すれば、第三のレベルで国内体制が重視されるように見えるが、しかし占領下の日本のように、それ自体が国際体制の望むこともある。

しばしば強調される「正義 vs.平和」の対立もこれらのどのレベルで語るかでも変わってくる。正義（jusitice ＝司法）と法は隣接する二つの概念であり、ちょうど「法」内容が複数のレベルで対立しているように、正義もその内容自体に争いがあり、国内の正義と国際のそれとは異なるし、被疑者、被害者、社会全体のどこを重視すべきかも異なる。身体的安全を目指す消極的平和との対立にも諸相がある。

このように、それぞれの軸における対立と各軸間の連関は非常に複雑かつ個別的であり、それだけでなく、これらの諸対立は、原理的に考えて解消されそうにない。進展・変化する国際法の内容をめぐって、立法や解釈の争いがなくなるとは考えられない。国際法と国内法の関係が一方が他方に完全に優位したり、還元されたりすることもないだろう。いわゆる世界政府が予見しうる将来に誕生するとは考えられず、国際法と国内法が融合しつつ複雑に対立する状況が続くだろう。もちろん、法が当事者に個別に適用されるものであると同時に、第三者の秩序形成に関与するものである以上、第三の対立も解決しないだろう。

「法の支配」の要請

しかし、このような対立の複雑さと不可避性を踏まえつつ、「法の支配」が諸対立を調停する原理として有効な指針となるべく、その最小限の内容を見定めることが重要な意味をもとう。

第一に、法の支配は最小限の内容として、放埒な暴力(violence)ではなくて、一貫した、とりわけ言葉による意識的な秩序形成を求める。これは、物理的な力を用いないことを意味しない。[18] 重要なのは、それが正統性・正当性の下にあり、それを可能とするように規範は画定性や一貫性などの諸特徴を備えることである。[19] それらが全体として、大きな力(power)をもつのである。

第二に、主体に対する評価ではなく当該主体の個々の行動ごとに判断することが重要になる。例えば「米国は」とか、「国家」や「民族」を主語とした一般的語りを避けること、敷延して言えば、カール・シュミットの考え方からすれば政治の本質である友敵関係[20]に陥らずに、あえてその語り方を解体して、非人称としての法に訴えることである。さらに、それを法が強者のイデオロギー的な表現でないかに留意しつつ行うことである。これによって、例えば米国の、あるいは国連の、この行動はある程度正しいがこの行動は間違っているといった語り方で、多くを一緒くたにした素朴な善悪論を避けることができる。多重的な法的規制を踏まえつつ、すでに述べた対立軸ごとの語り方が可能になる。

第三に、今まで述べた二つの内容が、厳密に言えば法の支配というより、形式的な法治主義の要素であったことを踏まえつつ、法の支配は一定の価値内容を要請することを強調すべきだろう。具体的には最小限の国際法規範を守ることである。ただし、平和構築の特徴を反映しつつ、優先性の問題は生ずる。とくに身体的安全を確保する消極的平和の実現が最優先される。これは、民主主義や人権一般といった諸価値との内在的価値を問題にするのではなく、消極的平和の実現なしにはこれらの別の価値も実現できないという実際上の判断である。平和構築にいう「平和」の意味はしばしば拡大して理解され、またその過程は種々の局面から構成されるが、その核となるのは消極的平和である。[21]また、平和構築論で強調される人権規範との関連で述べる場合も、重要性に基づくランクづけは必要であり、生命権とそれに付随する諸権利が優先されるべきだろう。平和と正義の対立は、人権論の文脈では、生命権とそれ以外の権利の対立、優先性の問題となる。この点、戦時と平時の移行期、あるいは緊急事態においては一定の人権の制限もより重要な人権の確保のためには必要であって、その意味で規範内容が階層化する。[22]このことは、すでに国家が存在している状況と比して、国家を造り直す平和構築において、いっそう当てはまる。

注

1　A/59/PV.3,2004, p.4. また、近時の年次報告書（A/59/1,2004, paras.207–225; A/60/1,2005, paras.193–212）、ミレニアム・サミットのフォロー・アップ報告書（"In Larger Freedom"（A/59/2005, paras.133–139））、ブラヒミ報告（A/55/305–S/2000/809, 2000, paras.13, 39–40）等も参照。これらを含む平和構築概念の分析につき、篠田英朗『平和構築と法の支配――国連平和活動の理論的・機能的分析』（創文社、二〇〇三年、第1章）、および本書第14章の篠田論文を参照。

2 「法の支配」の限界について、長谷部泰男『比較不能な価値の迷路——リベラル・デモクラシーの憲法理論——』（東京大学出版会、二〇〇〇年、一六〇〜一六二頁）参照。

3 その一週間ほど前、イラク戦争が違法だったという発言が報道され、また、前年での総会演説では、名指しはしなかったものの、米国の単独主義的行動、とくに先制自衛を正当化するブッシュ・ドクトリンを「不完全であろうとも世界の平和と安定が過去五八年にわたって依拠してきた原則に対して、根本的に挑戦する」ものとして批判していた（A/58/PV.7, p. 3）。

4 ブッシュ大統領のイラクに対する最後通牒演説（二〇〇三年三月一七日）と開戦の国内向け演説（同三月一九日）。<http://www.whitehouse.gov/news/releases/2003/03/20030317-7.html><http://www.whitehouse.gov/news/releases/2003/03/20030319-17. html>

5 その他、立法、行政その他の局面については、篠田前掲書、第3〜5章参照。

6 G. M. Danilenko, 2002, "ICC Statute and Third States," A. Cassese *et al.* ed., *The Rome Statute of the International Criminal Court*, Vol. II、松田誠「国際刑事裁判所の管轄権とその行使の条件」（『ジュリスト』No.1146、一九九八、四九〜五〇頁）、古谷修一「国際刑事裁判所（ＩＣＣ）設置の意義と直面する問題」（『法学教室』No.281、有斐閣、二〇〇四年）等参照。

7 また、第一三条(b)に従って国連安保理が第七章に基づいて付託する場合は被疑者の国籍国や犯罪が行われた領域国の意思に反しかねないが、こと米国に関しては常任理事国なので安保理決議の際に拒否権を行使すると考えられるので問題化しない。

8 米国政治の側から見たときにつき、一般的に、古矢旬『アメリカ——過去と現在の間』（岩波書店、二〇〇四年、二一〜七七頁）参照。

9 この問題につき、M. Byers and G. Nolte, 2003, *United States Hegemony and the Foundations of International Law* Part II, Cambridge University Press.

10 B. Simma, 1999, "NATO, the UN and the Use of Force: Legal Aspects," *European Journal of International Law*, Vol.10, Num.1, 1999; A. Cassese, 1999, Ex iniuria ius oritur: Are We Moving towards International Legitimation of Forcible Humanitarian Countermeasures in the World Community?" in *European Journal of International Law*, Vol.10, Num.1, 1999;『国際問題』（No.493、二〇〇一年）のとくに大沼保昭、松井芳郎論文、最上敏樹『人道的介入——正義の武力行使はあるか——』（岩波書店、二〇〇一年、第3章）、小森光夫「国際公共利益の制度化に伴う国際紛争の複雑化と公的対応」（『国際法外交雑誌』第一〇三巻第2号、二〇〇四年、一三〜三〇頁）

等参照。政治的にはより大きな意味をもつと思われるが合(違)法性に争いのほとんどないイラク戦争よりも、法と道徳がせめぎ合う旧ユーゴ空爆の方が、国際法(学)上は重要な問題を提起する。

11　A. Cassese, "The Role of Internationalized Courts and Tribunals in the Fight Against International Criminality," p. 6; C. Romano, "The Judges and Prosecutors of Internationalized Criminal Courts and Tribunals," in C. P. R. Romano *et al.* ed., 2004, *Internationalized Criminal Courts*, Oxford University Presss, p. 240. カンボジアにつき、古谷修一「カンボジア特別裁判部の意義と問題」(『国際法外交雑誌』第一〇二巻第四号、二〇〇四年)。

12　A/53/850, 1999, Annex "Report of the Group of Experts for Cambodia established pursuant to General Assembly resolution" 52/135, 古谷前掲書、五〇頁。

13　児島襄『東京裁判(下)』(中央公論新社、一九七一年、第一〇章)参照。

14　マーサ・ミノウ(荒木教夫ほか訳)『復讐と赦しのあいだ』(信山社、二〇〇三年、第4章)、篠田前掲書、一六三－一六九頁、等参照。

15　F. McKay, 2000, "Are Reparations Appropriately Addressed in the ICC Statute?", D. Schelton ed., *International Crimes, Peace and Human Rights: The Role of the International Criminal Courts*, Transnational Publishers 等参照。なお、テロリズムの文脈では安保理下の決議一五六六作業部会(S/RES/1566(2004), para.10)も参照。

16　「国際人道法の重大な違反の処罰に関する法律」(一九九三年制定、一九九九年改正)。Moniteur Belge, 23.03.1993, p. 9286-9287 <http://www.juridat.be/cgi_loi/legislation.pl>より入手。この法律の起草の背景、改正、廃止(刑法・刑事訴訟法への組み込みという形での)、適用事例につき、村上太郎「国際人道法の重大な違反の処罰に関する一九九三／一九九九年ベルギー法(1)(2・完)」(『一橋法学』第2巻2号、3号、二〇〇三年)参照。

17　寺谷広司「国際人権保障と国際的な刑事統制――国際制度と国内制度の交錯・対立・融合」(『ジュリスト』No.1299、二〇〇五年、三二～三五頁)参照。

18　篠田前掲書、一八九頁。

19　正統性(legitimacy)のもつ力(power)の視点から、T. M. Franck, 1990, *The Power of Legitimacy among Nations*, Oxford University

Press.

20 カール・シュミット(田中浩・原田武雄訳)『政治的なものの概念』(未来社、一九七〇年)

21 いっそう具体的・特定的には戦闘の停止、武装解除である。武装解除につき、伊勢﨑賢治『武装解除――紛争屋が見た世界』(講談社、二〇〇四年、第2、第3章)参照。

22 寺谷広司『国際人権の逸脱不可能性――緊急事態が照らす法・国家・個人』(有斐閣、二〇〇三年)

＊本章は、二〇〇五年三月二六日のシンポジウム「平和構築とグローバル・ガバナンス」における報告に最小限の加筆・修正を加えたものである。

第16章　グローバル・ガバナンス、国際刑事司法、そしてＩＣＴＹの法実行から浮かび上がる被害者の態様

ウヴェ・エヴァルド（五十嵐元道／城山英明・訳）

1　はじめに

これから私は、次の問題に対する比較的新しいアプローチについて述べる。その問題とは、国際刑事司法をどのように理解したら良いのか、そして、大規模被害(large-scale victimization: LSV)を確定する際の国際刑事司法の関与をどう理解したら良いのか、ということである。また、後半では、私が行った判決文の分析に基づく予備段階での分析結果も紹介したい。ここでは、以下の検討に先立ち、二つの点について触れておく。

第一に、私は随分長い間、国際刑事司法に関するより一般的で理論的な問題、あるいはグローバル・ガバナンスについての問題が重要であると考えてきた。私は犯罪学調査の分野で以前働いていたことがあり、さらに現在ＩＣＴＹ(旧ユーゴスラビア国際刑事法廷)の戦略的犯罪分析官(Strategic Crime Analyst)であるため、このテーマには関心をもって

いる。私は二年前にＩＣＴＹのこの仕事に就いた。しかし、それまでの研究生活で犯罪学や被害者学、あるいは直近の一五年間はとくに国家犯罪の研究を専門としてきたため、これまでずっと刑事司法や国際刑事司法の機能を研究してきた。国際刑事司法についてほとんど知られても分析されてもいない状況で、その内側から「機械の仕組み」を理解することには研究者として特別な魅力があった。この「好奇心」が実は、ＩＣＴＹへ行くことにした個人的な動機だった。事実、その当時長く居座るつもりがなかったにもかかわらず、あまりにも面白いのでそこに長居することになってしまったのである。

もし、内部からこの刑事司法の国際制度をみたならば、理論的・哲学的な説明が緊要であると感じるだろう。そして、そこに法律家というアクターを観察することになる。彼らは、法の支配に基づいて、公平に「真実」を生み出すある種のルールに沿った意思決定を裁判所で行う、いわば最終的意思決定者である。

しかし、もし経験的研究を行う研究者の視点でこれを見た場合、そして「客観性」「信頼性」または「妥当性」といった方法論的な枠組みを、証拠となる情報が生み出される過程に当てはめた場合、我々は説明を要するいくつかの問題に出くわすのである。例えば、犯罪とされる大規模被害を認識する過程がこれである。

第二に、この課題を検討する上では、非常に自由な雰囲気や国際刑事司法に対する批判的視座が重要である。なぜ私がそう思うのか。歴史を振り返ると、人々は時には気づかず（実際、無邪気な選択として）、時には承知の上で（シニカルな選択として）「裸の王様」というおとぎ話の状況にいることがある。立ち現れつつある国際刑事司法のシステムに関して、「免責に反対して闘う」という宣言こそが中心的な動機だという一般的な意見がある一方で、国際刑事司法は世界政治における手段だという声もある。それゆえ、立ち現れつつある（ひょっとするとアンビバレントな）方向に意識を高めるためには、正義、とりわけ国際的な正義について熟考する必要がある。

そして、裸の王様の話のように現実に勝るような確信を単に言い立てるのではなく、国際的正義に対して意識を高め、法的な実務と照らし合わせることこそが、重要な学術的議論の目的であるべきなのだ。

２　国際刑事司法に対する一般的認識と国際刑事司法の目的

それでは、グローバル・ガバナンス、国際刑事司法、そしてＩＣＴＹの判決から浮かび上がる被害者の態様、といった課題に入っていきたい。

まず、国際刑事司法の効率性、目的、機能に関する一般的な認識について考えてみたい。もちろん私は主にＩＣＴＹについて述べるが、この意見はＩＣＴＲ(ルワンダ国際刑事法廷)にも適用できるだろう。

こういった機関は、紛争後の社会の現在そして将来における積極的な平和創造を支援するために、大規模な被害を生み出した過去の出来事を処理するわけであるが、一般的認識としては、あまりにも費用がかかるわりに、効果がないとされている。一般的認識では、この「平和創造の効果」は、通例、過ちを犯した個人の処罰によって生じるとされる。したがって、「免責に反対して闘う」ことは、個人の犯罪行為を宣告することによって、平和構築に貢献できるというわけである。一方で他の見方として、これらの制度がはじめから政治的な手段とされているので、かつての紛争当事者間の平和構築に実際に寄与したかどうかという観点では評価しにくいのではないか、という疑問を投げかけるものもある。

ここで、次のような疑問が出てくる。国際司法システムにおいて、効率的であるとは何を意味するのか。効率性の問題は、紛争後の社会へのインパクトの観点から提起されるだけではなく、これらの制度の費用が高いがゆえに提起される。しかし、一般的議論においては、二つの基準〔戦争犯罪者の処罰の数と、費用対効果〔単位費用当たりの戦争犯罪者の処罰の数〕の適切な関係〕のみが、国際的裁判所が制度の目的を達成しているかどうか評価する場合に支配的となる。

しかし、私はここで次のことを言いたい。有罪判決の数と費用によって裁判所の効率性を測るべきではない。国際刑事司法システム（international criminal justice system: ＩＣＪＳ）、とくにＩＣＴＹの歴史的な意義、実際的な意義・効果はグローバル・ガバナンスに寄与することにある。具体的には、現在の集団暴力の形式を犯罪とみなす基準（これがグローバルな司法システムの出現の基礎を生み出す）、法的・手続き的基準、規範といったものをつくり出すことである。

さらに、アドホック裁判所は大規模な実験と理解できる。例えば、司法上の技術が「試される」。この例としてはＩＣＴＹの国内裁判所への移送手続（deferral procedure）[1]に見られる国際的・超国家的司法システムと国内司法システムの相互関係が挙げられる（手続と証拠に関する規則第一一条二項（「Rule 11 *bis* 手続」）を参照）。――これは、ある意味で、補完性に関してＩＣＣが扱わねばならなくなる中心的な問題をすでに反映している。

3 国際刑事司法を社会的現実の文脈に位置づける

私の視点・理解からすると、グローバリゼーションと国際刑事司法の関係は十分に理論化されていない状況にある。我々は、国際刑事司法に関する国際法や国際政治に関する豊富な法的文献、論文、著作を有している。しかし、グローバル化している世界の社会的現実における国際刑事司法の真の機能を描写するような、包括的な理論的説明の試みを行ったものはほとんどない。

　世界政治の文脈で国際刑事司法を説明しようとするものも、非常に少ない。これについてはマリンズらと、ヘイガンとレヴィの論文を参照していただきたい（Mullins, Kauzlarich and Rothe 2004; Hagan and Levi 2004）。これらの論文は国際刑事司法を政治社会学的な方法で扱っている。そして対象や目的の政治的・法的な定義を超えて、超国家的制度の説明を試みるこれらのアプローチは、とても興味深いものである。

　ここでの目的のために、私は二つのアプローチに言及する。そしてグローバル・ガバナンスと国際刑事司法との関係を理解するために、これらについての簡単な紹介から始めてみたい。第一のアプローチは「保護する責任（Responsibility to Protect）」の概念である（Report of the International Commission on International and State Sovereignty 2001 参照）。この概念は、現在、国連の安全保障戦略の一部であるため、よく知られているように思う。アナンも国連改革におけるこのＲ２Ｐ（保護する責任）の基準に言及した（Anann 2005）。第二のアプローチは、ハートとネグリが発展させた「グローバルな戦争状態と正統な暴力」という立場である（Hardt and Negri 2001: 12, 18）。

　これら二つのアプローチは、私の理解では、共通した点をもっている。そして、これらは両方とも以下の三つの現状認識から出発している。

・我々は大規模被害化と集団暴力を導くようなグローバルなリスクをもつ新しい時代に生きている。
・我々は国際的干渉と、国家暴力の正統性の危機に直面している。
・国際的刑事司法は、別の強調点とともにこの文脈のうちに理解されなくてはならない。

　Ｒ２Ｐ概念は、大規模被害が国際司法活動を含む国際的な強制行動を引き起こす中心的課題であるという、普遍的な見方に従っている（したがって、経済的・軍事的・司法的手段を含む、このような国際的な対応の新しい正当化は人権の大規模侵害の事実から推論されると考える)。これに対してハートとネグリは、国際刑事司法を、より手段として理解しようとする。大規模被害それ自体が国際的介入などの引き金なのではなく、むしろ「国際共同体」の重要な利益が関係した時にはじめて、介入などがなされるというわけである(Hardt and Negri 2001:18)。

そもそも保護する責任という概念は、国家は自国民の保護責任があるという啓蒙的理念から始まっている。もし、国民国家が基本的な保護をできなくなれば、この仕事は国際共同体に移行する。そして大量の人権侵害の事実が国際的な介入を引き起こすのである。Ｒ２Ｐの概念は、ローマ規程一七条において明確にされたアプローチと同じである。この一七条はＩＣＣの国内管轄権に対する補完的な立場を定めたものである。つまり、国家が市民を保護できなくなったり、する意思がなかったりした場合に、国際的な対応を要請し正当化するものである。このＲ２Ｐの検討は、ルワンダとコソボでの出来事のあとで、人道的介入の国際的な意思決定を支援するための基準を定めるために開始された(Edgar 近刊を参照)。

一方の「グローバルな戦争状態」と国際刑事司法の役割に関する対照的な見方では、局地化した低強度紛争といった新しいタイプの紛争・戦争が将来のグローバル化の過程と同時に起こるとし、さらに軍事的ないし警察機能がグローバルなレベルで出現するとしている。そしてこの文脈では、出現しつつある国際的な司法システムが、国際共同体を通してなされる強制手段の使用を正当化するための合法性と正統性の基準を決定することになる(Hardt and Negri 2001:17)。つまり、大規模被害があるからといって、自動的に介入がなされるわけではないのである。

あくまで、これらの二つのアプローチは簡略化したものとして受け取っていただきたい。また、次のことをはっきりさせておきたいのだが、私は必ずしもこれらのアプローチを使用するわけではない。しかし、私はＩＣＴＹの法実行によって生み出される大規模被害のパターンを解釈するのに役立つような対照的な視点を明らかにしたいのである。

以下の三つの中心的問題に関して、これら二つの概念は対照的な見方をする。

①ＬＳＶ（大規模被害）：大規模被害は、国際的介入の引き金として、普遍主義―無条件的であるのか、相対主義―条件付きであるのか。

②正統性：国際的な介入の正当性と正統性は「ＬＳＶの重大さ」に関係しているのか、または「国際的安全保障の利益」に関係しているのか。

③ＩＣＪＳ（国際刑事司法システム）：①と②を背景として、どこで大規模被害が起ころうとも、国際刑事司法システムはこれに対して普遍的に対応すべきなのか、起訴するか否かの意思決定をする際には、政治的利益に基づいて大規模被害への対応を検討するべきなのか。

これらの三つの問題に関する対照的な見方は、国際刑事司法の権力（definitorial power）や、戦争犯罪を構築する過程で生み出される大規模被害の二重性をより詳細に理解する上で役立つだろう。

４　浮かび上がる大規模被害のパターン

４・１　探索的分析の方法論的アプローチ

次に、ＩＣＴＹの法実行において出現した大規模被害の次元のいくつかを示したいと思う。予備的段階の結論は第一審裁判部判決に基づいている。今のところ、第一審裁判部の判決の出た被告人は五五名おり、そのうち五名が無罪、一七名が有罪を認める答弁をしている。有罪答弁と無罪は分析に含めなかった。それというのも、被害の叙述が他の判例と相当異なっており、扱いを変えなければならないからである。罪責の叙述を含む、残りの三三の有罪判例についてその判決を分析した。

判決の関連する部分での質的な分析にはATLAS.tiという文章解析ソフトを用いた（www.atlasti.com を参照）。興味のない人もいると思うので、私は方法論について詳しく述べるつもりはない。

簡略に言うと、グラウンデッドセオリー・アプローチ（Grounded Theory approach[2]）を利用して、ＬＳＶに関する予備的な仮説枠組み（作用モデル）がテキスト分析に適用された。テキスト分析においては、判決文の被害に関する部分が脱構築され、作用モデルと比較された。作用モデルとの比較を重ねることで、構造化されていなかった判決文の被害に関する部分が構造化される。この被害における構造またはパターンは、ＩＣＴＹの法実行を通して構築されてきた犯罪とされる大規模被害のパターンであるということができる。

4・2　ＩＣＴＹ規程におけるＬＳＶのための規範的枠組み

分析の出発点はＩＣＴＹ規程からの推論である。ＩＣＴＹ規程の（ＬＳＶを定めた）実質的な条項である第二条・第三条「武力紛争」、第四条「ジェノサイド」、そして第五条「人道に対する罪」においては、被害を四つのカテゴリーに分類している（**表16－1**を参照：これらはグラウンデッドセオリー・アプローチにおける仮説枠組み＝作用モデルを構成する）。

①死の原因となる行為

②身体的・精神的損害／傷害

表16－１　ＩＣＴＹ規程の二～五条における四つの物質的被害者の次元

ＩＣＴＹ規程の諸条項における行動／被害の記述				
関係条文	**死亡**	**身体／精神への損害**	**抑圧**	**破壊／収奪**
二条	(a) 故意による殺人	(b) 拷問または生物学的実験を含む非人道的扱い	(e) 戦争捕虜や市民を敵対勢力の軍隊で強制的に奉仕させる	(d) 不法かつ不当になされた、軍事的必要性によって正当化されない広範な破壊や財産の収奪
		(c) 故意に大きな苦痛を負わせる、または身体や健康に著しい傷害を負わせる	(f) 故意に戦争捕虜や市民から公平かつ通常の裁判の権利を奪う	
			(g) 不法な国外追放、移住または市民の不法な監禁	
			(h) 市民人質として扱う	
三条		(a) 不必要な苦痛を与えるための有毒兵器その他の兵器の使用		
				(b) 軍事的必要性によって正当化されない不当な都市、町、村の破壊または蹂躙
				(c) 無防備な町、村、住居、建物に対するあらゆる手段による攻撃や爆撃
				(d) 宗教、慈善活動、教育、学術のための施設、歴史的建造物、そして芸術・科学の作品に対してなされた故意の損害、破壊、強奪
				(e) 私的・公的所有権強奪
四条二項	ジェノサイドは、国民、民族、人種、宗教の集団の全体あるいは一部に対して、破壊を意図してなされた以下の行為を意味する。	(b) ある集団の構成員に身体また精神的な著しい損害を生じさせる	(e) ある集団の児童を他の集団に強制移転する	(c) 意図的にその集団に対して、全体または部分の物質的破壊をもたらすために、生活条件を害する
	(a) ある集団の構成員の殺害			(d) その集団内での出生を妨げることを意図した処置の強制
四条三項	(a) ジェノサイド			
	(b) ジェノサイド実行の共謀			
	(c) 直接的かつ公然のジェノサイドの扇動			
	(d) ジェノサイド実行の試み			
	(e) ジェノサイドの共犯			
五条	(a) 殺人	(f) 拷問	(c) 奴隷化	
	(b) 根絶	(g) 強姦	(d) 国外追放	
			(e) 投獄	
			(h) 政治的、人種的、宗教的な理由による迫害	
			(i) 他の非人道的行為	

③抑圧、例えば強制移住

④破壊・収奪、これは物質的なものであり、所有権に関する被害である

もちろん、これらの記述的カテゴリーは重複している。例えば、すべての形態の破壊は殺人や傷害を伴う。明らかなように、ICTY規程の（LSVを定めた）実質的な条項は、犯罪とされる大規模被害の諸次元を不十分に示したものでしかない。より直裁に言えば、現在は大規模被害化の物質的要素をいかに表現するかについて非常に洗練された理解が個別の裁判所の司法実行を通して明らかになりつつあるが、当初は、ICTY規程が制定された特異な歴史的プロセスゆえにそのようなものはまったく存在しなかった（規程制定に際しては全米法律家協会が大きな役割を果たし、国内犯罪がモデルにされたといわれる）。それゆえに、判例分析は大規模被害の相互に関連する諸次元を明らかにする上で重要なのである。ICCが置かれている状況は（これより）わずかに改善されているかもしれない。それというのも、罪責の要素がローマ規程でより詳細に叙述されているからだ。しかし、国際刑事法の実質的条項においてはLSVが不十分にしか規定されていないという（基本的）状況を転換するには至っていない。

4・3 犯罪とされるLSVへの概念的な被害学的アプローチの諸側面

国際刑事司法におけるLSVへのより実質的なアプローチを見つけようとする際、伝統的な被害学がいくつかのヒントを与えてくれる。被害に関する一般的な見方として、私は以下のように個人的被害を叙述したエザット・ファター（の考え）を参照したい。

「被害という言葉はネガティブな含意がある。この言葉が伝えるのは、外部勢力やいくつかの組織、集団、個

人によって引き起こされた、有害で不利な結果あるいは望ましくない結果といった意味である。そして、この言葉は、何らかの傷害や危害、損失、迷惑、不快、痛み、各種苦痛の発生を含意している。また、被害は力の不均衡、権力的立場の不均衡を示唆している。つまり、強力で権力を保持した加害者と弱く無力な被害者、というわけである」(Fattah 1991: 4)

この記述と定義の要旨は、被害は大きな不均衡状態を示しているということである。そこには権力を保持した加害者と権力のない被害者がいる。これは個人が苦痛を受ける古典的状況である。そしてそれは、生命へのコントロールを失うことであり、極端な場合、アイデンティティや生命それ自体を失うことになる。

しかし、このファターの定義は伝統的な犯罪とされる被害を念頭に置いている。この被害においては生命の損失は（あらゆる犯罪とされる被害と比較して）例外的である。そして、概念的理解の中心には、集合的な被害者ではなく個人的被害者が存在する。

集団暴力によって引き起こされた大規模被害は、身体的には個人の被害者においても明白であるものの、人間的苦痛の集団的経験を通して、質的・量的にまったく異なった人間の苦痛を意味するのである。（ＩＣＴＹ）規程の諸条項は集団的な被害について述べてはいるものの、それは「集団」や「広く行きわたったあるいはシステマティック」な犯行に大変抽象的な仕方で言及しているにとどまっている。

ファターによって叙述されたような犯罪被害者個人の苦痛に注目するアプローチは、被害の集団的なパターンとその存在的な意味の一部として位置づけられなければならない。一つの可能なアプローチがコーツラリッシュ、マシューズ、ミラーによって提供されている。

「法や一般的に定義された人権を侵害する、暗黙または明示的な国家の行動や政策のために、経済的、文化的、身体的な危害、排除、搾取を経験した個人またはそういった人々の集団」(Kauzlarich, Matthews and Miller 2002)

前述の定義から明らかなことは、この定義が犯行と被害双方の集団的・構造的な側面に言及しているということである。この点は、集団の存在やアイデンティティを何らかの方法で破壊することを意図した国際犯罪の特別な性質に言及した、多くの論者によってすでに言及されてきたものである。当然、個人の存在はいかなる集団の存在にとっても物質的な前提条件であるが。**図16－1**は、個人や集団的加害者による犯罪の実行における個人、集団、社会という階層の間の基本的関係や、これらの犯罪の結果として大規模な個人的・集団的被害に帰結する際の個人、集団、社会という階層の間の基本的関係を理解する上で助けとなるはずである。

最初の三角形（「犯罪の現場（crime scene）」）は基本的な被害を生み出す関係を描いている。この関係は伝統的な犯罪において知られているもので、ここでは個人的加害者が個人的被害者に「会い」、被害者―加害者の相互作用で危害と苦痛が引き起こされる。これが犯罪とされる被害の伝統的な構図である。判決を分析したところ、このレベルの個人の被害や加害は、犯罪の基点に関する証拠提示の部分として、通常、詳細に叙述されている。

しかし国際刑事司法や国際犯罪のためには集団的関係が導入されなければならない。第二の三角形（「集団暴力のシステム（system of collective violence）」）は、集団的な企図として犯罪を行う集団やその結果として暴力の被害を受ける集団といった集団的な次元に注目している。この加害と被害の双方における集団的な側面は判決に反映されている。しかし、集団暴力の基礎にあるシステムの明確な記述は、直接の加害者による直接的犯行の詳細な記述ほどには発展して

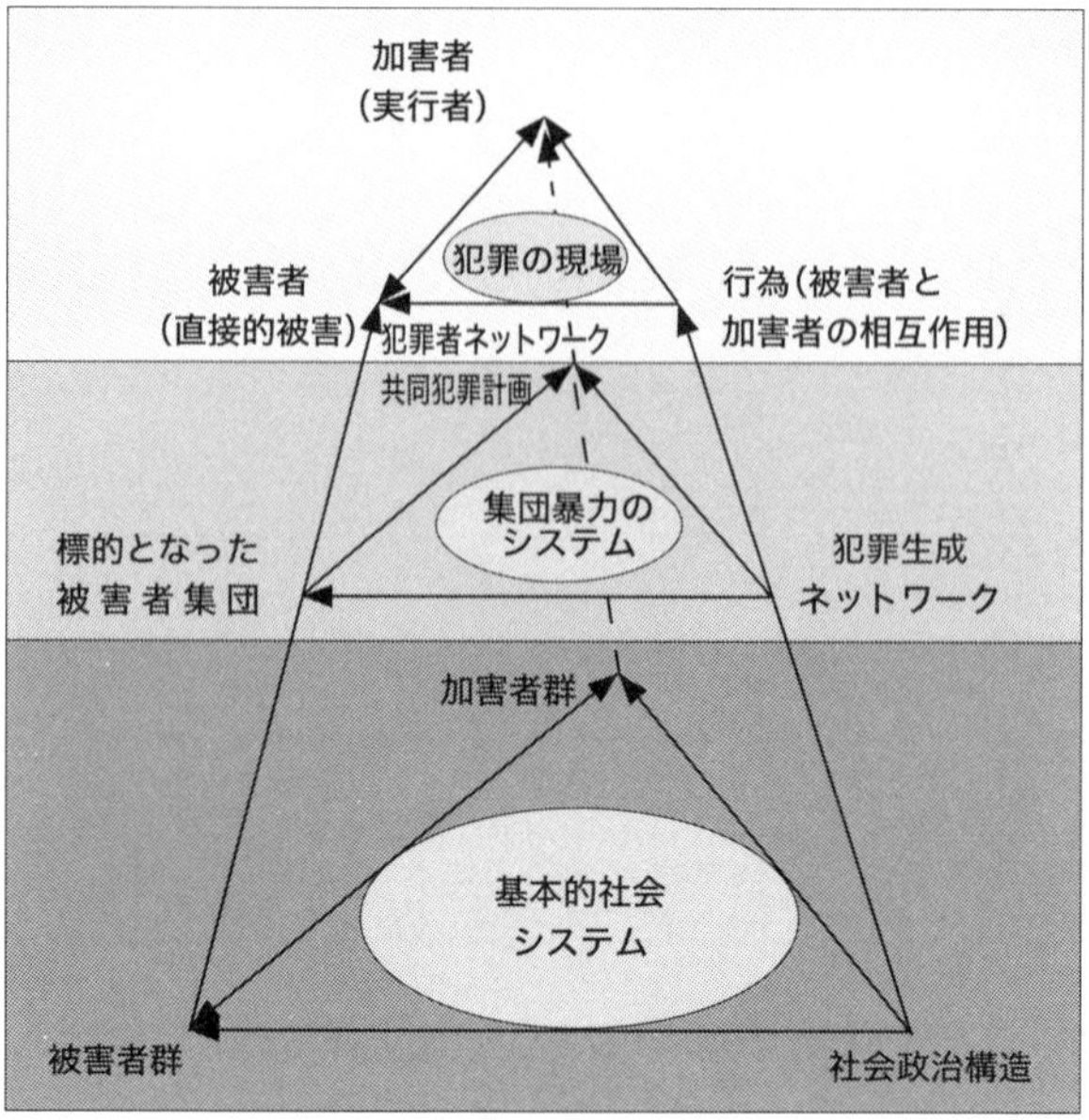

図 16-1　国際犯罪のシステマティックな性格

筆者作成

いない。「共同犯罪計画（Joint Criminal Enterprise: JCE）[3]」、またはいわゆる「上位者・下位者の連関を示す証拠連係証拠（linkage evidence）」とは、その場での直接の加害者によってなされた犯行との関係で「上位者」の責任を証明するための証拠である。こういった概念に関する議論の存在は、そのようなプロセスを適切な法的司法的表現によって示すことの困難さを示している。犯罪と被害の集団的性格に関する法的表現は、被害によって構築される犯罪の重大さや個人の刑事責任を確定するために必要である。

第三の三角形（「基本的社会システム（basic societal system）」）は、より一般的な社会関係のレベルに言及している。より深く掘り下げられた紛争の歴史的・文化的原因について検討される場合には、このような社会関係のレベルが考慮されることになる。例えば、なぜ民族的緊張が集団暴力に変わるのか、といった問いについて検討する場合である。国際刑事裁判は歴史的な研究に取って代わることはできない。しかし、国際刑事裁判は、とくに犯罪を行った国家の指導者が起訴されている場合には、集団暴力のより一般的な社会的原因について取り扱わなくてはならない。そして、最終的には、犯罪の現場における直接的加害者による個人的な加害行為は、その社会の文化的文法のうちに具体化された暗黙ではあるが、永続的な民族的敵意の歴史的配置に「関連」づけることができる。

ハンナ・アレントはこれらの社会的パターン間の関係と、それらと大規模なナチス・ドイツのための個人的犯罪行為との関連とについて、その著書『全体主義の起源』(Arendt 1951) で論じている。彼女は大規模被害の出現、さらにドイツ人によってなされたあらゆるレベルにおけるホロコーストを考察し、個人、集団、社会の間の相互関係と時代を超えたそれらの展開について、きわめて包括的な理解を示して見せたのである。

4・4 ＩＣＴＹの法実行において犯罪とされる大規模被害の諸次元

前述した規範的・概念的被害学のアプローチ（4・2と4・3を参照）は、国際的判決において記述された被害を構造化するために基本的なパターンを提供する。

§被害の諸形式

死亡

身体的・精神への損害

抑圧

破壊／収奪盗用（財産に関わって）

§社会的次元

個人
集団／地域共同体
人類／国際共同体

国際刑事法の実質的条項から引き出された犯罪とされる大規模被害の形式的構造と、関連した被害レベルの社会学的分析に基づき、探索的判決分析を行った。その試論的結論によると、ＩＣＴＹの判決において記述された犯罪とされる被害は、基本的には五つのパターンに分かれる。

①生命：殺人や大規模な身体または精神への損害を通じた、個人の身体的存在における被害(集団の文脈において)
・特に弱者集団に焦点：女性、児童、老人、捕虜
②基本的社会関係：抑圧や破壊を通じた社会制度と集団の被害
・家族や近隣集団の破壊に焦点
③生活の物質的基礎：生活条件の破壊を通じた社会的施設と集団の被害
・居住構造の破壊に焦点。例えば水の供給や共同体の不可欠な社会的機能の破壊
④文化的アイデンティティ：集団のアイデンティティとなっている集団価値や信念の被害
・民族アイデンティティや文化的価値の象徴的な施設の破壊に焦点。例えばモスク、教会
⑤環境的信頼：テロや抑圧を通じた自然的必要条件としての集団の物質的生活条件、そして社会的コミュニケーションへの信頼の被害
・暴力で生活を麻痺させるやり方に焦点。例えばシステマティックな狙撃、または住居への恣意的な砲撃

によって住民に恐怖を起こさせる。

これらＩＣＴＹの判決において検討されている五つの大規模被害の領域は、個人そして集団生活の基本的な生に関する諸次元を記述している。個人／身体、社会的制度、物質的インフラ、文化的基礎、社会的・自然的環境、これらの領域または対象は犯罪とされる集団暴力のターゲットとされている。

5　結　論

この論文の中心的課題は、第一に、グローバリゼーションの文脈における国際刑事司法の役割を位置づけることであった。文脈に位置づける視点としては、Ｒ２Ｐとグローバルな戦争状態という二つのものがあった。第二に、ＩＣＴＹの法実行において立ち現れつつある大規模被害のパターンを明らかにすることであった。最後に、ここでは、この二つの課題をつなぐ作業として、ＩＣＴＹの法実行において立ち現れつつある大規模被害のパターンを、国際刑事司法を文脈に位置づける二つの視点(Ｒ２Ｐとグローバルな戦争状態)と関連づけて検討してみたい。

ＩＣＴＹの法実行の範囲内で見出された五つの基本的な「生の諸次元」は、基本的には、Ｒ２Ｐ概念で規定された大規模被害への普遍主義―無条件的アプローチと合致するようである。存在に関わる個人・集団の生活条件への脅威は禁じられ、犯罪とされている。言い換えれば、ＩＣＴＹの法実行を通して明らかになった犯罪とされる大規模被害のパターンの質的な規定は、国際介入の引き金としてＲ２Ｐによって要求される大規模な苦痛の類型を認めるための測定可能な基準や尺度を定めるものとなっている。それゆえ、もし、犯罪とされるＬＳＶのこれらのパターンが認められると、国際介入行動は正統化されることになる。確かに、国際刑事司法の法実行において検討される犯罪とされる被害のあらゆる方向性や詳細を記述するためには、より一層の調査が必要である。けれども一般的なパターンや規範的な記述、そして判例を通した経験的な基準設定を見る限り、相対主義、あるいは何らかの利益に結びついた場合にのみ介入するというアプローチ（グローバルな戦争状態アプローチ）に従っていることを示唆するものは何もないと言える。

しかしながら、国際的な判決において出現しつつある被害のパターンは、国際刑事司法がグローバルなセキュリティシステムの一部分として大規模な人間の苦痛を普遍的に扱うのか、それともダブルスタンダードに基づいて扱うのかという疑問に答えるための、ただ一つの論点にすぎない。そして形式的な基準の役割と並んで重要な論点であるのは、これらの基準の実際的な強制である。この疑問は国際政治や国際的な起訴の政治に関わってくる（Hagan and Levi 2004を参照）。そしてダブルスタンダードや手段的な司法の傾向性について警戒せねばならない理由がやはりいくつかあるのである（AI-Report 2005を参照）。

ただし、我々は長い移行過程の始まりを観察していると自覚している。その過程では、新しい国際刑事司法のシステムが出現しつつあり、犯罪とされるＬＳＶに関する首尾一貫した公平な規範的概念と、他方、大規模な苦痛に関する物質的な事実を確定するための判例法によって生み出された経験的な基準がすでに著しく重要となっているのである。

参考文献

AI-Report, 2005, "Cruel. Inhuman. Degrades us all. Stop Torture and Ill-Treatment in the 'war on terror'," London.

Annan, Kofi, 2005, "The Secretary-General– Statement to the General Assembly," New York, 21 March 2005.

Arendt, Hannah ,1951, *The Origin of Totalitarianism,* Harcourt Brace.

Edgar, Alistair D. (forthcoming), "Rebuilding War Affected Societies: Implementing the 'Responsibility to Protect' Agenda," in: Uwe Ewald, Ksenija Turkovic, Eds., *Large-Scale Victimization due to Protracted Conflicts as a Potential Source of Terrorist Activities: Importance of Regaining Security in Post-Conflict Societies*, IOS Press.

Fattah, Ezzat ,1991, *Understanding Criminal Victimization. An Introduction into Theoretical Victimology*, Prentice-Hall.

Hagan, John and Levi, Ron, 2004, "Social Skill, the Milosevic Indictment, and the Rebirth of International Criminal Justice," *European Journal of Criminology*, 1/2004, pp. 445–475.

Hardt, Michael and Negri, Antonio, 2001, *Empire*, Harvard University Press.

Mullins, Christopher W., Kauzlarich, David and Rothe Dawn, 2004, "The International Criminal Court and the Control of State Crime: Prospects and Problems," *Critical Criminology* 12, pp. 285–308.

Kauzlarich, David, Matthews, Rick A. and Miller, William J., 2002, "Toward a Victimology of State Crime," *Critical Criminology* 10 (3) pp. 173–194.

Report of the International Commission on Intervention and State Sovereignty, 2001, *The Responsibility to Protect*.

訳　注

1　旧ユーゴスラビア国際刑事法廷（ＩＣＴＹ）における全裁判の早期完了を実現するため、訴追対象を上層部の指導者に絞り、それ以外の者を扱う事件に関しては国内裁判所に移送するという作業が始まっている。これは国連安全保障理事会決議一五〇三に基づいたものである。この国内裁判所への移送手続は裁判所規則一一条の二(Rule 11 *bis*)に依拠して行われるので、「Rule 11 *bis* 手続」と呼ばれることが多い。

2　グレイザーとストラウスによって創始された社会科学の方法論。社会的現象を研究する際に、データの収集と分析を常に行いながら、データに根ざした理論（Grounded Theory）の生成を目指すもの。グランドセオリーとの対比になっている。Glaser, Barney G. and Anselm L. Strauss,1967, *The Discovery of Grounded Theory: Strategies for Qualitative Research*, Aldine Publishing Company.（後藤隆・大手春江・水野節夫・訳『データ対話型理論の発見――調査からいかに理論をうみだすか』新曜社、一九九六年）

3　国際刑事法においては、共犯の一形態として、共同犯罪計画（Joint Criminal Enterprise：ＪＣＥ）という形態が判例を通して形成され、定着してきている。客観的構成要件として、被告人の共同犯罪計画への参加が必要である。複数の人間における共通の犯罪目的の存在と被告人のその目的への参加があれば、この「共同犯罪計画への参加」が認められる。目的である犯罪の実行行為を実際に行ったのではなくても、共通目的の遂行に対する何らかの援助・貢献をしていれば、その目的へ参加したものとされる。さらに、共同犯罪計画は、主観的構成要件の違いによってさらに複数のカテゴリーに分類される。

あとがき

小長谷有紀

日本学術振興会が、人文社会科学振興プロジェクト研究事業を開始するにあたって、プロジェクト研究への参加を研究者に呼びかけたところ、本企画の基礎となった領域Ⅱとして提示されていた「グローバル化時代における多様な価値観をもつ社会の共生を図るシステムについての研究」に対して、比較的多数の研究計画が提案された。それらは全体として、現代社会における問題の大きさを反映するとともに、その所在と複雑さとを明らかにしていた。そこで、問題群は大きく以下のように四つに切り分けられた。

まず第一に、広義の国際関係のうち、「通訳技術の向上」や「法整備の支援」など特定の目的を明確にもつ研究は、むしろ既存の他の研究枠組みに適しているという理由から除外された。換言すれば、人文社会科学振興プロジェクト研究事業は単に、特定の課題を解決するための組織化ではないということである。

現代における問題はそもそも複雑であるから、それらに対して正しく対処するためには、できるだけ多義的に取り組んだうえで問題の枠組み（フレーム）を作ることが最も重要な知的インフラ整備となるであろう。周知のように人工知能の開発現場において「フレーム問題」と称せられる難問が存在する。ロボットの場合、限られた指示のもとに情報を処理するので、現実に起こりうる問題すべてには対処できないことをいう。人間社会の場合はロボットの実験とは異なり、対処がとどこおってしまうと、問題も停止するのではなく、問題だけが進展してしまう。したがって、対処がとどこおらないための「フレーム作り（問題設定）」がきわめて重要であると思われる。フレームを作るための研究として、既存の特定課題を超えた問題設定に取り組むプロジェクトが形成されたのである。

第二に、従来「異文化理解」などと称されることの多かった問題については、国際的な関係に限定せずに、多様に異なる価値観をもつ人々の共存へと広げた一連の研究群が「多元的共生社会の構築」として形成された。

第三に、「地域紛争」としてしばしば俎上にのぼる問題を理解し、解決に導くために資そうとする研究群は「平和構築に向けた知の展開」として形成された。これらは、「地域研究による人間の安全保障学」のほかに「アメリカ研究の再編」と「ジェノサイド研究の展開」という三つのグループ研究から構成されている。すなわち、特定の地域における紛争を個別に理解するという基本的な研究に対して、当該地域に大きく関与ないし干渉するアメリカの視覚をアメリカ研究によって与えるとともに、さらに人間の根本的な問題として歴史的に再検討するという視座を用意するものである。こうした連携構成は同時に、アメリカ研究にはアメリカ外からの視点を提供し、歴史研究には現在からの視点を提供することとなる。研究者たちは従来の所属学会によるネットワークをはるかに越えた人材と出会うこととなり、膠着しがちな枠組みを作り変えつつある。

第四に、人や物や情報の越境が急激に展開することから発する諸問題を、理論研究と歴史研究の対話の中から包括的に扱う研究群は「グローバル・ガバナンスの解明」として形成された。なお、プロジェクト研究が進捗する過程において、水問題を扱う一連の研究は、その問題のもつ国際性の大きさゆえに、後に領域Ⅳから領域Ⅱに移籍された。

本書は、こうしたプロジェクト形成の過程をもつ一連の研究群のうち、「平和構築に向けた知の展開」の三つのグループが中心となり、「グローバル・ガバナンスの解明」のグループが加わって企画し、実施した国際シンポジウムと、関連して開催された研究会合の記録に基づいている。すでに平和構築をキーワードとする研究や活動は一般に多数、展開されているが、本書は問題の切り取り方（フレーム）を三部構成によって明示している。すなわち、第一部では人類史としての視点を共有し、第二部では現場に即した事例分析を行い、第三部では国際刑事司法的介入などグローバルな立場を検討する、という重層的なフレームである。

けだし、平和構築という用語は、時に「まやかし」として使われることもある。例えば、私が研究するモンゴルでは、二〇〇六年八月、アメリカ軍の指導のもとに韓国、インド、バングラディシュ、タイ、フィジー、トンガなどの多国籍軍事演習が行われたが、その国際的報道では「兵士」という言葉の代わりに「平和維持者（peace keeper）」という用語が使われていた。戦争も侵略も、やすやすと平和維持手段や平和構築手段などと言い換えられてしまう可能性は高い。人文社会科学振興プロジェクト研究事業はまさに、社会に流布するこのようなまやかしのあやうさを問いただすために枠組みを組み替える立ち位置にある。こうした立脚点がより多くの読者を得て共有されることを願ってやまない。

執筆分担一覧

はじめに　城山　英明（東京大学）
序　エリク・ストーヴァー（カリフォルニア大学）／石田勇治・訳
第１部扉　石田　勇治（東京大学）
第１章　ユルゲン・ツィンメラー（エッセン大学）／石田勇治・訳
第２章　廣瀬　陽子（東京外国語大学）
第３章　武内　進一（日本貿易振興機構アジア経済研究所）
第４章　清水　明子（東京大学）
第５章　西　芳実（東京大学）
第６章　狐崎　知己（専修大学）
第２部扉　城山　英明
第７章　オレン・イフタヘル（ベングリオン大学）／黒木英充（東京外国語大学アジア・アフリカ言語研究所）・訳
第８章　松野　明久（大阪外国語大学）
第９章　藤原　広人（国連旧ユーゴスラビア国際刑事裁判所）
第10章　フィオナ・マッケイ（国際刑事裁判所）／河島さえ子（国連旧ユーゴスラビア国際刑事裁判所）・訳
第３部扉　遠藤　乾（北海道大学）
第11章　ジョン・ブレイスウェイト（オーストラリア国立大学）／城山英明・訳
第12章　エルキ・コウルラ判事（国際刑事裁判所）／五十嵐元道・城山英明・訳
第13章　フィオナ・マッケイ（国際刑事裁判所）／五十嵐元道（北海道大学大学院修士課程）・訳
第14章　篠田　英朗（広島大学）
第15章　寺谷　広司（東京大学）
第16章　ウヴェ・エヴァルド（国連旧ユーゴスラビア国際刑事裁判所）／五十嵐元道・城山英明・訳
あとがき　小長谷　有紀（国立民族学博物館）

■編者紹介

城山　英明（しろやま　ひであき）

1965年生まれ。東京大学大学院教授

専攻：行政学、国際行政論、科学技術と公共政策

主要著書：『国際行政の構造』（東京大学出版会、1997）、『国際機関と日本——活動と分析』（共編、日本評論社、2004）

石田　勇治（いしだ　ゆうじ）

1957年生まれ。東京大学大学院教授

専攻：ドイツ現代史、比較ジェノサイド研究

主要著書：『過去の克服——ヒトラー後のドイツ』（白水社、2002）、『20世紀ドイツ史』（白水社、2002）

遠藤　乾（えんどう　けん）

1966年生まれ。北海道大学大学院教授

専攻：国際政治、ヨーロッパ政治

主要著書：*The Presidency of the European Commission under Jacques Delors*（Macmillan, 1999）、『ヨーロッパ統合の脱神話化』（共著、ミネルヴァ書房、1994）

【未来を拓く人文・社会科学シリーズ0】
紛争現場からの平和構築

2007年10月30日　初版　第1刷発行　〔検印省略〕

＊定価はカバーに表示してあります

編者©城山英明・石田勇治・遠藤乾　発行者　下田勝司　印刷・製本　中央精版印刷

東京都文京区向丘1-20-6　郵便振替　00110-6-37828
〒113-0023　TEL 03-3818-5521(代)　FAX 03-3818-5514
E-Mail tk203444@fsinet.or.jp

発行所
株式会社 東信堂

Published by TOSHINDO PUBLISHING CO.,LTD.
1-20-6,Mukougaoka, Bunkyo-ku, Tokyo, 113-0023, Japan

ISBN978-4-88713-781-3　C0030

東信堂

〈未来を拓く人文・社会科学シリーズ〈全14冊〉〉

科学技術ガバナンス　城山英明編　一八〇〇円
ボトムアップな人間関係―心理・教育・福祉・環境・社会の12の現場から　サトウタツヤ編　一六〇〇円
高齢社会を生きる―老いる人／看取るシステム　清水哲郎編　一八〇〇円
家族のデザイン　小長谷有紀編　続刊
水のグローバル・ガバナンス　蔵治光一郎編　続刊
市場システムのガバナンス　久米郁夫編　続刊
多元的共生社会の構築　宇田川妙子編　続刊
平和構築に向けた知の展開　黒木英充編　続刊

紛争現場からの平和構築―国際刑事司法の役割と課題　城山英明・石田勇治・遠藤乾編　二八〇〇円

公共政策の分析視角　大木啓介編　三四〇〇円
共生社会とマイノリティの支援　寺田貴美代　三六〇〇円
医療倫理と合意形成―治療・ケアの現場での意思決定　吉武久美子　三二〇〇円
改革進むオーストラリアの高齢者ケア　木下康仁　二四〇〇円
認知症家族介護を生きる―新しい認知症ケア時代の臨床社会学　井口高志　四二〇〇円
保健・医療・福祉の研究・教育・実践　山手茂・園田恭一・米林喜男編　二八〇〇円
地球時代を生きる感性―EU知識人による日本への示唆　A・チェザーナ　訳者代表 沼田裕之　二四〇〇円

〒113-0023　東京都文京区向丘1-20-6　TEL 03-3818-5521　FAX03-3818-5514　振替 00110-6-37828
Email tk203444@fsinet.or.jp　URL:http://www.toshindo-pub.com/

※定価：表示価格（本体）＋税